Macramé

나만의 작은 공방에서 만드는 21가지 감성 액세서리

아름다움을 엮다, 마크라메

김고은 지음

[작가의 글]

"복잡한 생각을 내려놓고 행복과 자신감을 엮어나가요."

스스로가 초라해 보였던 어느 날 우연히 보게 된 마크라메 목걸이.
공예와는 어떠한 연관성도 찾을 수 없는 경영학을 공부하던 저에게 매듭이라는 새로운 세계를 들여다보게 해줬어요. 반짝이는 원석을 실로만 감싼 목걸이에 매료되었던 저는 인터넷과 책에서 마크라메와 관련된 정보를 수집하고 독학을 시작했습니다. 그 당시에는 마크라메가 거의 알려져 있지 않아 재료에 대한 정보도 쉽게 찾을 수 없었어요. 무작정 동대문 액세서리 부자재 상가에 찾아가 재료로 사용할 수 있는 실과 부자재들을 샀어요. 적합한 재료 찾기부터 여러 번 실패를 거듭하며 마크라메를 시작했습니다.

처음에는 매듭법도 다 틀려가며 목걸이와는 거리가 먼 볼품없는 작업물만 만들었어요. 재료 찾기도 매듭을 익히기도 쉽지 않았지만 매듭이 가져다준 고요한 시간은 저를 마크라메에 완전히 빠져들게 만들기에 충분했습니다. 생각이 유난히 많아 스스로를 괴롭히던 저였는데 매듭을 엮다보니 어느새 몇 시간이 훌쩍 생각할 틈도 없이 지나있었어요. 매듭을 거듭할수록 눈에 띄게 발전하는 결과물들은 소소한 성취감과 작은 행복이 되었습니다. 직접 만든 작품을 주변에 선물하고, 제 작품에 기뻐하는 사람들의 모습을 보면서 마크라메로 얻은 행복을 소중한 사람들과 나눌 수 있어 행복이 배가 되었어요.

실력이 늘어가면서 처음 저를 마크라메로 이끌었던 원석을 사용한 작품도 만들게 되었습니다. 눈부시게 아름다운 보석과는 달리 다소 투박하게 생긴 캐보션 원석은 매듭과 만나 비로소 작품이 되어 더 아름다움을 뽐냈습니다. 지구에서 탄생한 수많은 원석을 알아가는 일과 원석과 실로 작품을 만드는 일은 또 다른 행복을 가져다주었어요. 그렇게 차곡차곡 행복을 쌓고, 나눠가며 지금까지 매듭을 지어나가고 있습니다.

이 책은 제가 마크라메 액세서리를 만들며 얻은 행복을 더 많은 사람들이 느꼈으면 좋겠다는 마음을 담아 썼습니다. 마크라메 액세서리를 만들고 싶은 모두에게 그 일이 너무 어렵지 않도록 쉽고 자세하게 매듭의 즐거움을 전하고자 합니다.

모두가 평안하고 행복한 마크라메 시간 보내시길 바랍니다.

마크라메조안나
김고은 드림

마이크로 마크라메란?

아직까지 우리에겐 그 단어조차 낯선 '마크라메'.
처음 들어보셨거나 들어보셨더라도 월행잉과 같은 매듭 인테리어 작품을 떠올리실 거예요. 마크라메는 실, 원석, 비즈 등 간단한 부자재만으로 손으로 패턴을 짜며 작품을 엮어내는 매듭 공예를 의미합니다. 그중에서도 마이크로 마크라메는 0.5~2mm 가량의 얇은 실로 작은 크기의 작품을 만드는 것을 뜻합니다. 이 책에서는 마이크로 마크라메 작품 중에서도 액세서리 만드는 방법을 다룰 거예요.

마크라메 액세서리는 느릿하고 정성스럽게 만들어진 만큼 오래 시간 착용해도 쉽게 망가지지 않습니다. 패션의 일부분으로 빠르게 소비되고 버려지는 일반 액세서리와는 달리 시간의 흐름에 따라 자연스럽게 색이 바래며 착용한 사람과 함께한 시간을 고스란히 담아냅니다.

마이크로 마크라메의 매력

- 다른 공예에 비해 비교적 빠르게 결과물을 낼 수 있어 성취감이 높은 공예입니다.
- 재료나 결과물의 부피가 작아 보관하는 데 부담이 없습니다.
- 휴대성이 높아 어디에서나 시간과 공간의 제약 없이 즐길 수 있는 공예입니다.
- 직접 만든 마크라메 작품을 지인에게 선물하기 좋습니다.
- 집중해서 매듭을 짓다 보면 복잡한 생각이 없는 고요한 시간을 보낼 수 있습니다.

[차례]

작가의 글
마이크로 마크라메란?
마이크로 마크라메의 매력

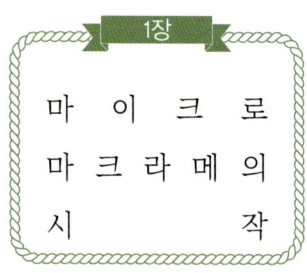

마이크로 마크라메의 도구와 재료 /13
마크라메 액세서리 제작 과정 /16
자주하는 실수와 마크라메 노하우 /18

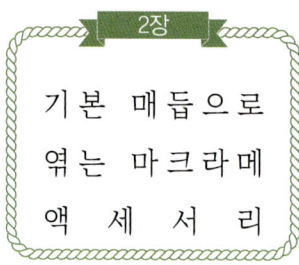

두 줄 꼬기 | 세 줄 꼬기 | 네 줄 꼬기
   – 두 줄 꼬기 발찌 /31
   – 세 줄 꼬기 팔찌 /37
   – 네 줄 꼬기 초커 /41

합장매듭
   – 합장매듭 반지 /47

좌우엮기
   – 은볼 실반지 /53

평매듭
   – 나무비즈 반지 /65
   – 원석 매듭 팔찌 /71

이어엮기
   – 물결무늬 발찌 /83
   – 사선 매듭 팔찌 /89

돌려엮기 매듭
   – 나무비즈 돌돌이 발찌 /95

3장
응용하여 엮는 마크라메 액세서리

 구슬원석 브이매듭 팔찌 /111

 8자매듭 팔찌 /119

 원석을 넣은 동글반지 /125

 은하수 반지 /133

 뭉게팔찌 /139

 폴링팔찌 /145

 인피니트 반지 /151

 부엉이 귀걸이 /157

 하트 팔찌 /165

 캐보션 원석 펜던트 /171

부록
그림처럼 그리는 마크라메 액세서리

한라봉 팔찌 /179

마이크로 마크라메의 시작

DIY · MACRAMÉ 1장

마이크로 마크라메의 도구와 재료

• **준비물 : 도구편**

1. **고정판(클립보드)** : 매듭을 짓기 위해서는 실이 손의 힘에 끌려오지 않도록 지탱해 주는 고정판이 필요합니다. 실내에서는 주로 독서대를, 실내외 모든 공간에서는 클립보드를 고정판의 용도로 사용할 수 있습니다. 독서대와 클립보드 이외에도 단단한 종이 또는 플라스틱 판 등을 사용할 수 있습니다.

2. **집게** : 고정판에 실을 집어 고정해 주는 역할을 합니다. 고정판을 집는 부분이 굴곡이나 빈틈 없이 길쭉하고 평평한 집게가 좋습니다.

3. **가위** : 실을 재단하거나 작품을 마감할 때 사용합니다. 마감 시에 짧은 길이의 실만 남기고 남은 실을 잘라주기 위해서 가위는 날이 작은 공예 가위를 추천합니다.

4. **라이터** : 마크라메 액세서리는 접착제를 사용하지 않고 불에 실을 녹여 마감하는 방법을 주로 사용합니다. 라이터는 실을 자른 후 녹여 마감을 할 때 사용합니다. 라이터 사용이 서툰 분들의 경우 클릭형 라이터를 추천드립니다.

5. **자수바늘** : 원석 목걸이와 팔찌 등의 작품을 만들 때 기존의 매듭에 실을 추가하는 용도로 사용합니다. 약 1mm 두께의 실이 충분히 들어가도록 바늘귀가 큰 자수바늘을 사용하는 것이 적합합니다.

6. **펜치** : 귀걸이 등을 제작할 때 사용하는 오링을 벌리는 역할을 합니다.

7. **오링반지** : 펜치로 오링을 벌릴 때 오링을 잡아주는 역할을 합니다.

• **준비물 : 재료편**

1. **마크라메 실** : 마크라메 액세서리를 제작할 때는 일반적으로 접착제 없이 불로 실 끝을 녹여 마감합니다. 따라서 두께 2mm 이내의 불에 녹는 실을 사용하는 것을 추천합니다. 흔히 사용하는 실은 0.5mm와 0.7mm의 폴리에스테르 왁스실입니다.

- **폴리사(린하시타 남미실)** : 제조사에 따라 차이가 있지만 일반적으로 표면의 왁스 성분으로 인해 끈적함이 있는 실입니다. 제작 시 왁스의 끈적거림이 손과의 마찰을 줄여주어 매듭을 당길 때 용이합니다. 초보자들이 사용하기에 좋은 실입니다.
- **햄프사** : 표면에 거친 질감이 살아있어 터프한 느낌이 들고 질긴 재질의 실입니다.
- **나일론사(S-Lon)** : 표면에 끈적함 없이 부드럽고 실 자체에 약간의 탄성이 있습니다.

2. **비즈** : 마이크로 마크라메에서 사용하는 비즈는 사이즈가 일반적인 공예용 비즈와 다릅니다. 두께 0.5mm 이상의 실이 한두 가닥 들어갈 수 있도록 내경이 1mm 이상이 되는 비즈를 선택해야 합니다.

- **유리비즈** : 녹슬지 않는 유리비즈는 오랜 시간이 지나도 변하지 않는 마크라메 액세서리의 특성과 맞아 자주 사용하는 재료입니다.
- **금속비즈** : 신주, 은, 써지컬, 금, 도금, 골드필드 등 다양한 소재의 금속비즈를 사용할 수 있으며 화려한 액세서리를 연출하기에 좋습니다. 오랫동안 작품을 아름답게 유지하기 위해서는 쉽게 녹스는 비즈를 피해 사용하는 것이 좋습니다.
- **나무비즈** : 자연스러운 무드가 매듭과 잘 어울리는 나무비즈입니다. 물에 자주 노출되면 광택이 줄고 변색될 수 있습니다.
- **그 외 장식들** : 그 외 금속 참 장식이나 깃털 등 다양한 장식을 활용해 마크라메 액세서리를 완성할 수 있습니다.

3. 원석 : 마이크로 마크라메에서는 실을 통과해서 끼우는 방식으로 사용하는 구슬원석뿐만 아니라 구멍이 없는 형태의 캐보션 원석도 사용합니다. 온전한 형태의 원석을 매듭만을 이용해 감싸 고정할 수 있습니다.

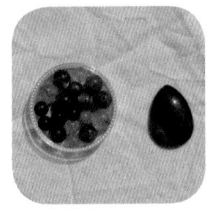

- **구슬원석** : 구멍이 뚫린 동그란 모양으로 가공한 원석입니다. 일반적으로 지름 4~8mm까지 사용해 작품을 만듭니다.
- **캐보션 원석** : 한 면은 평평하고 다른 한 면은 각이 없는 볼록한 형태로 가공한 원석입니다. 래핑 매듭법을 이용해 목걸이부터 팔찌, 반지 등 다양한 작품을 만들 수 있습니다.

4. 오링 : 약 3~5mm 크기가 적당하며 매듭 작품에 장식이나 귀걸이 후크 등을 연결하는 데 사용합니다.

5. 귀걸이 후크 : 매듭으로 완성한 귀걸이 펜던트에 오링으로 연결해 귀걸이를 만드는 데 사용합니다.

마크라메 액세서리 제작 과정

1. 작품 구상하기
어떤 디자인의 작품을 만들 것인지, 실은 몇 가닥을 사용할 것인지 등 내가 만들고자 하는 작품을 구상합니다.

2. 실 재단하기
작품에 필요한 길이의 실을 재어 잘라줍니다. 실을 자를 때마다 줄자를 사용하는 것보다는 주로 사용하는 고정판의 기다란 면에 길이를 재어 자 대신 사용하는 것이 편리합니다.

❀ 고정판으로 사용하는 클립보드의 가로 길이가 30cm라면 120cm의 실을 자를 때에 클립보드 가로의 4배로 실을 잘라주세요.

3. 매듭짓기
구상한 디자인으로 매듭을 지어 작품을 만듭니다.

4. 원석, 비즈 등 부자재 끼우기

매듭을 짓는 중간중간에 원석이나 비즈 등 작품에 사용하고 싶은 부자재를 끼워줍니다.

5. 실 마감하기

매듭을 다 지었으면 실을 자르고 불로 녹여 작품을 마감합니다.

6. 실 길이 기록하기

처음에 재단한 실 길이에서 사용하고 남은 실 길이를 계산해 작품에 필요한 실 길이를 기록해둡니다. 이때 마지막에 매듭을 지어줄 여유 실 길이(약 10cm)는 남겨 놓고 계산해야 합니다.

❀ 120cm씩 6가닥을 재단해서 팔찌 제작 후 30cm가 남았다면 팔찌 제작 시 필요한 실 길이는 90cm가 아닌 90cm + 여유 실 길이(약 10cm)로 계산해요. 만약 짧은 실을 잘 다루는 편이라면 여유 실 길이를 더 짧게 계산해도 돼요.

자주하는 실수와 마크라메 노하우

고정판에 실 단단하게 고정하기

매듭을 지을 때 당기는 힘이 강하면 실이 당겨져 올 수 있습니다. 안정적인 작업을 위해서 실을 집게로 집어줄 때에는 고정판의 앞뒤로 실을 두 번 집어주어 단단하게 고정시키는 것이 좋습니다.

비즈 끼우기

시중에 나오는 비즈는 대부분 비즈 공예용으로 가공되어 나오기 때문에 내경이 충분하지 않은 경우가 많습니다. 내경이 충분한 비즈를 준비하더라도 비즈 구멍에 쉽게 갈라지는 실을 넣는 일은 초보자에게 쉽지 않은 작업입니다. 비즈에 실을 보다 수월하게 끼울 수 있는 방법을 소개해 드리겠습니다.

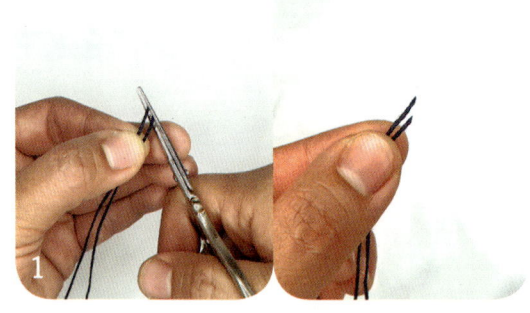
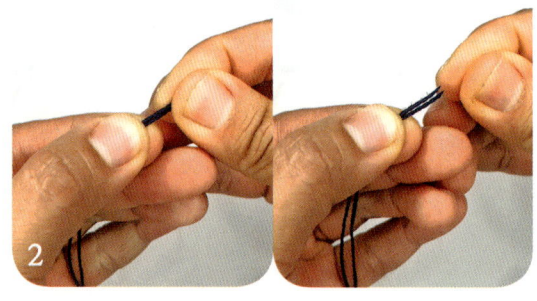

비즈에 실을 끼우기 전 잘 들어가도록 실 끝을 사선으로 잘라줍니다.

자른 실 끝을 손으로 잘 모아줍니다.

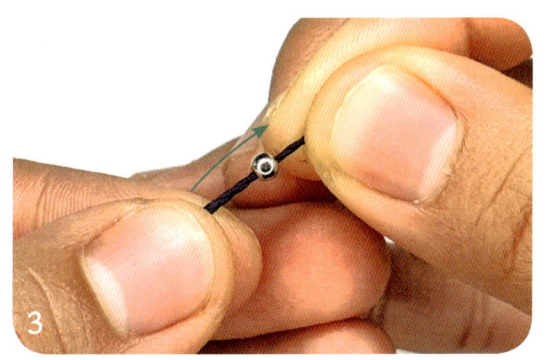

실 한 가닥을 먼저 비즈 구멍에 통과시켜 넣어줍니다.

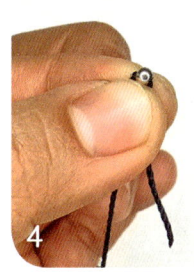

나머지 한 가닥을 끼우기 전 비즈를 통과한 실 한 가닥의 양 끝을 잡아주어 비즈 구멍의 공간을 최대한 확보해 줍니다.

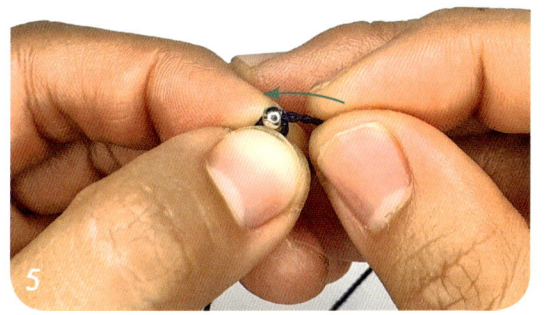

나머지 한 가닥을 끝부분만 살짝 넣어줍니다.

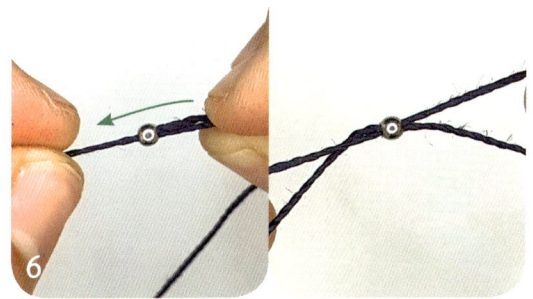

두 가닥의 실을 한 방향으로 밀어 비즈에 실 두 가닥을 모두 끼워줍니다.

🌀 이외에도 매듭공예용 왁스를 실 끝에 바르거나 실 끼우개 도구 등을 활용하는 방법이 있어요.

🌀 가끔씩 유난히 구멍이 작게 나오는 원석 비즈들이 있어요. 원석 비즈나 진주의 경우 구멍을 넓혀 사용할 수 있는 '비드리머' 제품을 활용하면 좋아요.

깔끔하고 풀리지 않게 작품 마감하기

실을 자르기 전 매듭 단단히 하기

작품을 다 매듭짓고 남은 실을 잘라주기 전 마감하는 동안 매듭이 풀리지 않도록 실을 한 번씩 더 당겨 매듭을 단단하게 고정해 줍니다.

🌀 매듭을 당겨줄 때 작품의 뒷면 쪽으로 당긴 뒤 마무리하면 앞에서 작품 마감 부분이 보이지 않아 더 완성도 높은 작품을 만들 수 있어요.

깔끔한 마감으로 작품의 완성도 높이기

실을 불로 녹여 마감하면 불에 닿은 부분이 진해지거나 그을음이 생길 수 있습니다. 작품을 봤을 때 마감 부분이 얼룩져 보이면 작품의 완성도가 떨어지게 됩니다.

 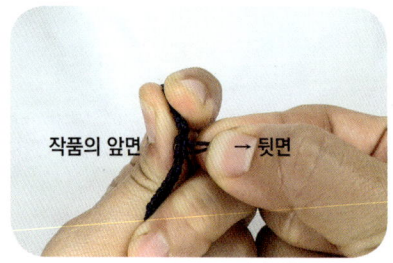 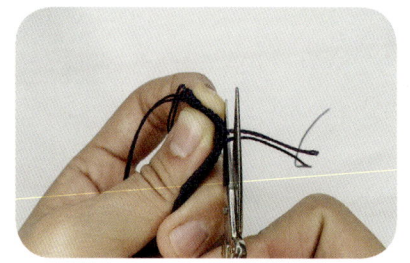

실을 자르기 전 실을 당겨 매듭을 단단히 고정할 때 실을 작품의 뒤쪽 방향으로 당겨주면 실의 끝이 작품 뒷면을 향하게 됩니다. 이 상태에서 실을 자르고 마감하면 작품의 앞쪽에서 마감 부분이 보이지 않아 더욱 완성도 높은 작품을 만들 수 있습니다.

적당한 길이로 실 자르기

매듭을 짓고 남은 실을 잘라줄 때에는 적당한 길이로 자르는 것이 중요합니다. 너무 길게 자르면 녹일 실이 많아지면서 실을 녹일 때 타거나 녹은 실이 뭉뚝하게 남아 마감 부위가 깔끔하지 않을 수 있습니다. 또 실이 너무 짧으면 녹여서 접착제 역할을 해 줄 실이 충분하지 않아 매듭이 풀릴 수 있습니다. 이어엮기 매듭 한 개의 길이, 가위를 세웠을 때 가위 날의 폭만큼 실 끝이 남도록 잘라줍니다.

라이터 활용하기

라이터로 실을 녹일 때에는 자칫하면 실이 녹지 않고 탈 수 있어 조심해야 합니다. 특히 밝은 색상의 실일수록 조금만 그을려도 티가 나기 때문에 잘 녹이는 것이 중요합니다.

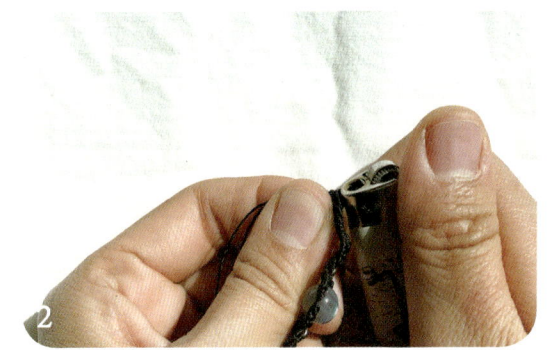

실을 녹일 때에는 라이터의 안쪽 파란색 불로 한 번에 녹이지 않고 살짝씩 녹여줍니다. 안쪽의 파란불을 실에 댔다 뗐다를 반복하며 조심스럽게 실을 녹여줍니다.

실을 녹인 직후에 라이터의 달궈진 부분으로 녹은 실을 꾹 눌러 매듭에 평평하게 달라붙도록 해줍니다.

◎ 녹인 실을 작품에 붙여 마감하면 녹은 실이 글루건과 같은 역할을 해서 마감이 오랫동안 풀리지 않아요.

팔찌 마무리 방법

고리가 있는 팔찌 만들기

팔목의 둘레에 딱 맞춰 착용할 수 있는 팔찌를 만들고 싶을 때 사용할 수 있는 방법입니다. 한쪽 끝에 고리 모양의 매듭을 만들어서 반대쪽 끈의 끝을 고리에 끼워 착용하는 방식의 팔찌입니다. 이 방법은 팔찌뿐만 아니라 초커, 발찌 등에도 활용이 가능합니다.

• **고리 부분 만들기**

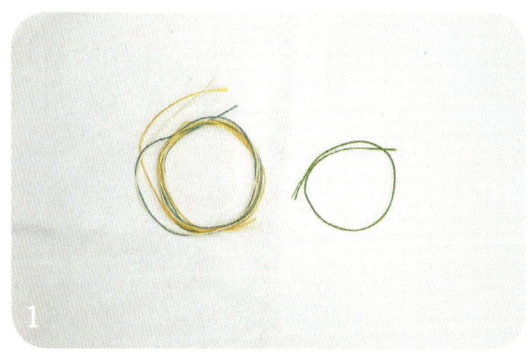

1. 고리 부분의 색상을 먼저 정하고 그 색상의 실을 30cm 가량으로 잘라 준비합니다. 팔찌의 둘레 부분을 매듭지을 실은 팔찌를 매듭짓는 데 필요한 30cm의 두 배인 60cm로 잘라 세 가닥을 준비합니다.

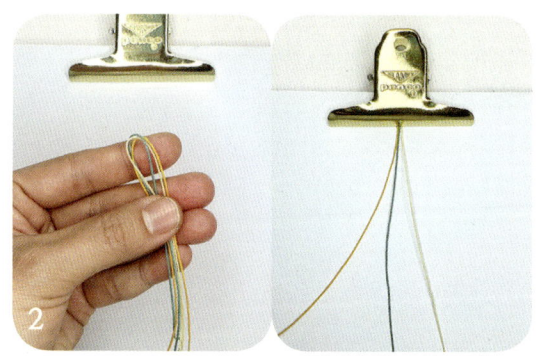

2. 60cm로 잘라 준비한 세 가닥의 실을 반으로 접은 뒤, 반으로 접힌 부분보다 3cm 가량 윗부분을 집게로 집어 고정합니다.

3. 미리 잘라둔 30cm 실을 먼저 고정시킨 실의 오른쪽에 위치시킨 뒤 끝에서 7cm 지점을 집게로 집어 줍니다.

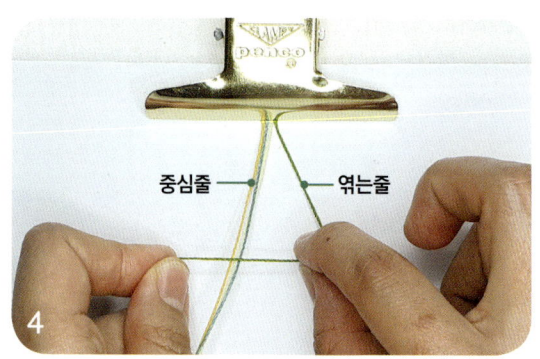

4. 왼쪽의 긴 세 가닥의 줄이 중심줄, 오른쪽에 추가한 짧은 줄이 엮는줄입니다. 중심줄 세 가닥 위에 엮는 줄을 올려줍니다.

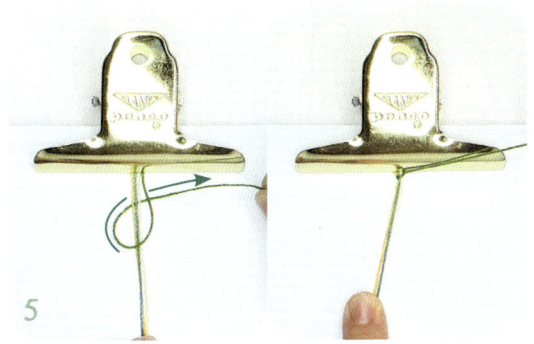

자연스럽게 생긴 구멍으로 손을 넣어 엮는줄의 끝부분을 빼준 뒤 당겨 매듭짓습니다. 그럼 엮는줄이 세 가닥의 중심줄을 한 번 감싸며 매듭이 지어집니다.

중심줄 세 가닥과 엮는줄의 자리를 바꿔줍니다. 엮는줄을 반대편 왼쪽으로 자리를 옮겨줄 때 중심줄 세 가닥의 아래쪽으로 엮는줄이 지나가도록 합니다.

다시 중심줄 세 가닥 위에 엮는줄을 올립니다.

자연스럽게 생긴 구멍으로 엮는줄을 당겨 매듭을 지어줍니다.

다시 중심줄과 엮는줄의 자리를 바꿔주고, 4~8번 과정을 여러 번 반복합니다.

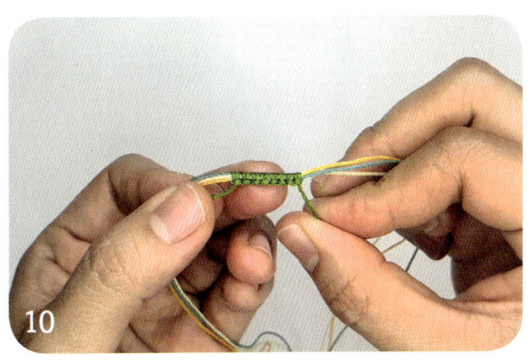

매듭의 양 끝 중심줄을 같이 잡았을 때 만들어지는 동그라미가 고리 부분이 됩니다. 원하는 고리 크기만큼 매듭을 지어줍니다.

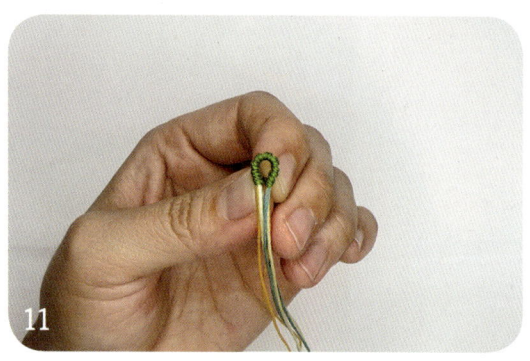

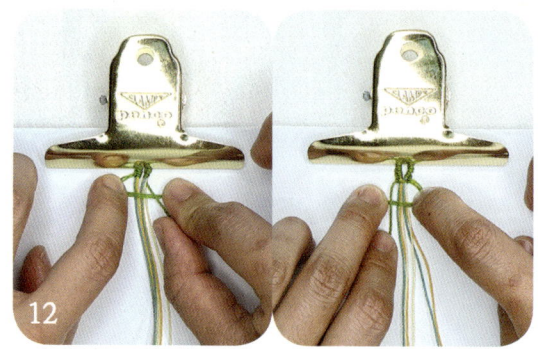

고리 부분의 매듭이 충분하다고 생각될 때 매듭의 양 끝 중심줄을 같이 잡아줍니다.

고리를 집게로 집어 고정합니다. 그다음 양쪽 끝의 엮는줄 두 가닥으로 중심줄 여섯 가닥을 평매듭으로 2~3회 엮어 고리를 완성해 줍니다.

🌀 평매듭은 58쪽을 참고하여 엮어주세요.

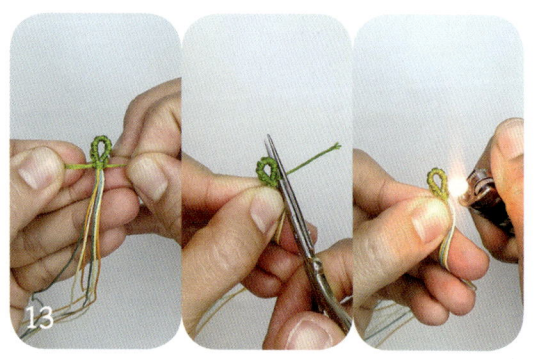

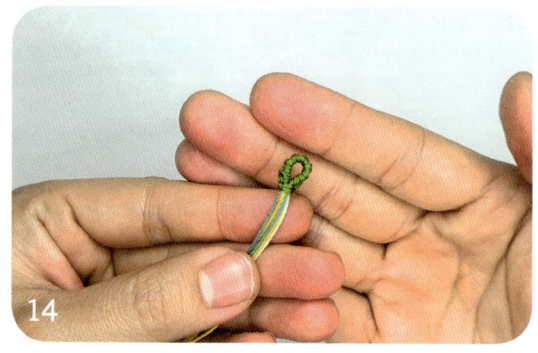

고리 부분 매듭에 사용했던 실의 남은 부분을 자르고 녹여 마감해 줍니다.

팔찌의 고리 부분 완성입니다.

🌀 고리 부분 만들기 영상

• 나머지 한쪽 끈 마감하기

묶기 : 팔찌의 둘레 매듭을 팔목 둘레 길이까지 지어 준 뒤 마지막을 묶어 마감하는 방법입니다.

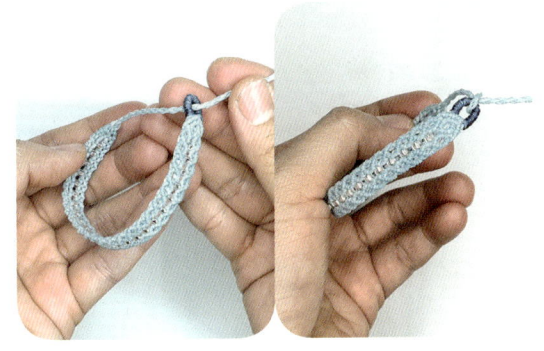

길게 땋아주기 : 팔찌의 둘레 매듭을 팔목 둘레 길이보다 짧게 마감한 뒤 끝부분의 남은 실을 길게 땋아 마감하는 방법입니다. 고리에 땋은 매듭을 넣어 묶는 방식으로 착용할 수 있습니다.

나무비즈 등 장식 넣기 : 구슬원석, 나무비즈 등을 팔찌의 끝부분에 넣어 마감하는 방법입니다. 고리에 비즈를 끼워 착용하는 방식입니다. 이때 고리의 크기에 맞게 적당한 크기의 비즈를 선택해야 합니다.

양 끝을 꼬기 매듭법으로 마감한 팔찌 만들기

착용하는 사람이 스스로 길이 조절이 가능하도록 팔찌를 제작하는 방법입니다. 착용하는 사람의 팔목 둘레를 모른 채 팔찌를 제작할 때 사용하기 좋은 방법입니다.

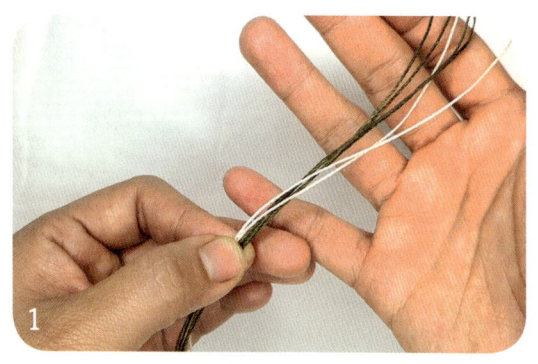

1

팔찌를 만들기 전 10cm 가량의 실을 남겨두고 팔찌의 무늬 부분을 매듭지어줍니다.

2

팔찌의 무늬 부분을 팔목 둘레보다 짧은 길이로 매듭지어줍니다.

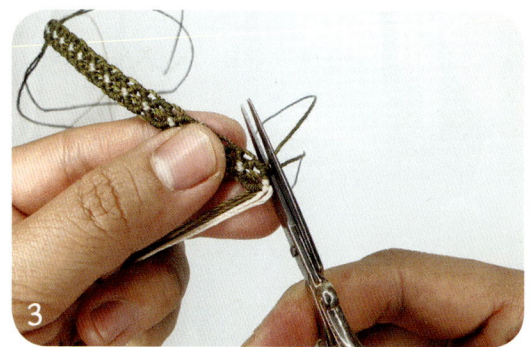

3

매듭을 짓고 양 끝에 남은 실을 필요한 가닥 수만 제외하고 마감해 줍니다.

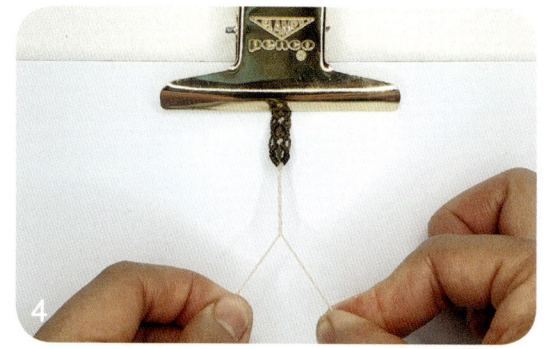

4

팔찌의 양 끝을 두 줄 꼬기 | 세 줄 꼬기 | 네 줄 꼬기 매듭법을 이용해 5~7cm 가량 매듭지어줍니다.

✿ 두 줄 꼬기 | 세 줄 꼬기 | 네 줄 꼬기 매듭법은 29쪽을 참고하여 엮어주세요.

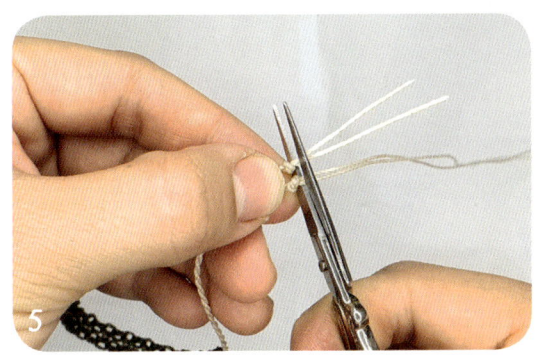

끝을 묶어준 뒤 가위로 잘라 마감합니다. 필요시 불로 녹여 마감할 수 있습니다.

오링반지 사용법

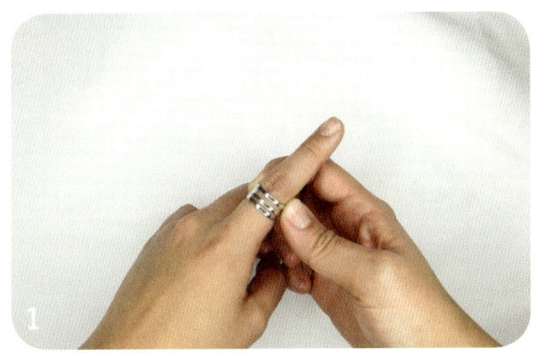

오링반지를 손가락에 끼워줍니다.

오링을 펜치로 잡은 후 오링반지의 틈 중 사용할 오링의 크기와 맞는 곳에 오링을 끼워줍니다.

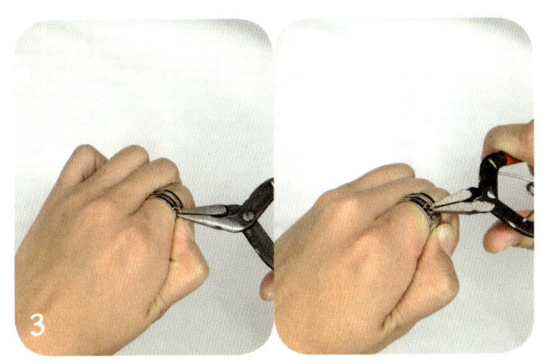

손에 끼운 오링반지를 다른 손가락으로 잡아 고정해 준 뒤, 오링을 비틀어 벌리거나 닫아줍니다.

DIY · MACRAMÉ
2장

기본 매듭으로 엮는 마크라메 액세서리

두 줄 꼬기 | 세 줄 꼬기 | 네 줄 꼬기

꼬기 매듭은 주로 얇은 실팔찌나 반지, 목걸이 줄 등을 만들거나 팔찌의
마감 부분에 사용하는 매듭법입니다. 작품에 사용되는 실의 가닥수에
따라서 혹은 디자인에 따라서 세 가지의 꼬기 매듭 중에 하나를 선택해
사용할 수 있습니다.

두 줄 꼬기 발찌

두 줄을 꼬아 단순한 매듭으로 만드는 발찌입니다. 두 가지 실을 섞어 만들 수 있고, 실 색상에 따라 포인트를 줄 수 있는 작품입니다. 간단한 실발찌이기 때문에 남녀노소 누구나 부담 없이 착용할 수 있답니다.

 재료

 0.7mm 왁스실 50cm 두 가닥

+ 두꺼운 실을 사용하면 더 굵은 발찌를 만들 수 있어요.

 도구

고정판
집게
가위
라이터

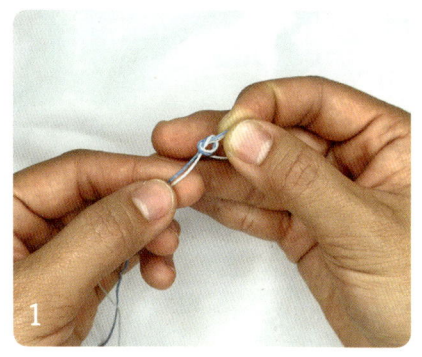 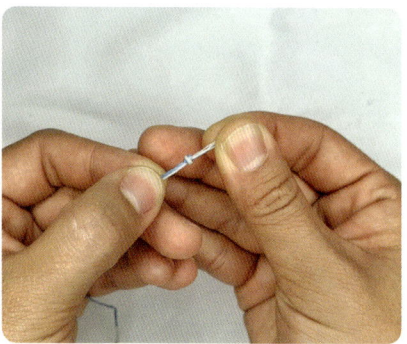

실 두 가닥의 끝부분을 함께 묶어 매듭지어줍니다.

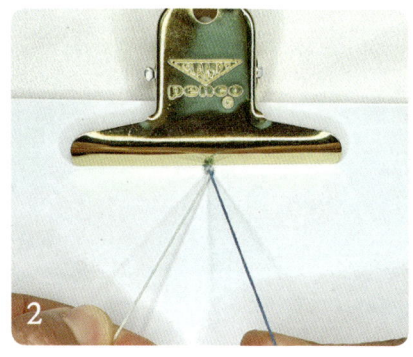 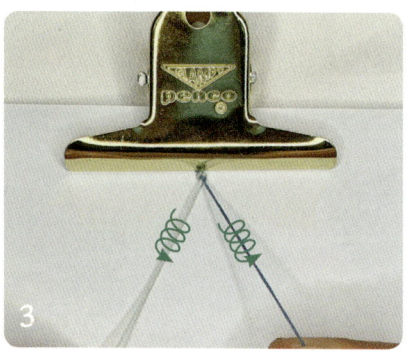

매듭의 위쪽을 집게로 집어 고정판에 고정해 줍니다.

두 가닥의 실을 같은 방향으로 돌려줍니다. 사용하는 실에 꼬임이 있다면 꼬여있는 방향으로 더 꼬아줍니다.

🌀 린하시타 남미실은 원래 실의 꼬임 방향인 시계 반대 방향으로 두 가닥의 실을 꼬아줘요.

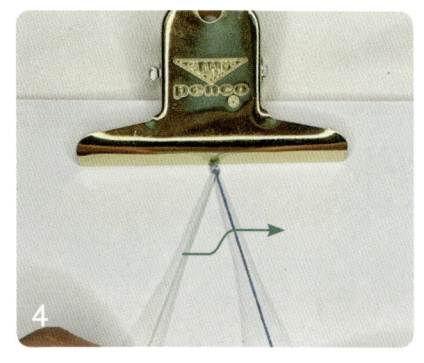 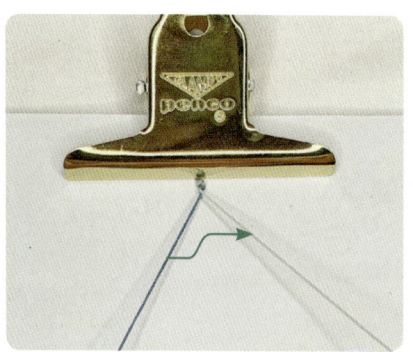 

두 가닥의 실로 두 줄 꼬기를 해주겠습니다. 3번 과정의 반대 방향인 시계 방향으로 꼬아줍니다. 왼쪽의 실을 오른쪽 실의 위로 넘긴다고 생각하면 더 쉽습니다.

🌀 이렇게 하면 서로 풀리려는 방향이 달라 실이 풀리지 않고 꼬임 매듭이 잘 만들어져요.

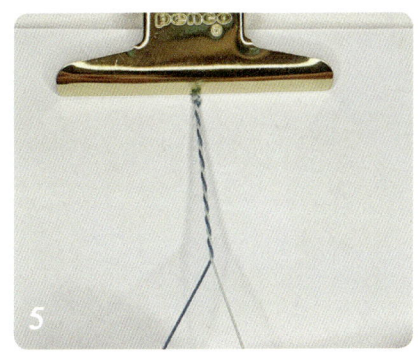 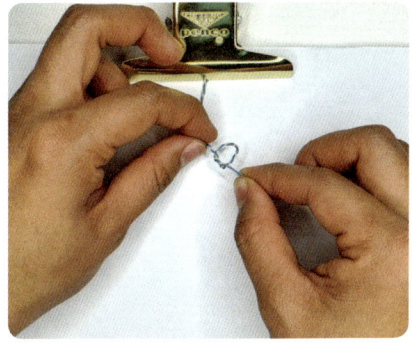

실의 끝부분까지 꼬아준 뒤 끝을 처음과 같은 방법으로 묶어 매듭지어줍니다.

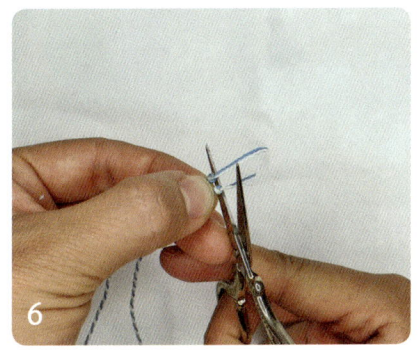 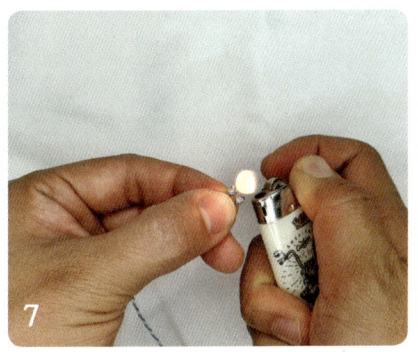

양쪽 끝의 마무리 매듭을 잡고 남은 실을 잘라줍니다.

라이터로 매듭의 끝부분을 녹여 마무리합니다.

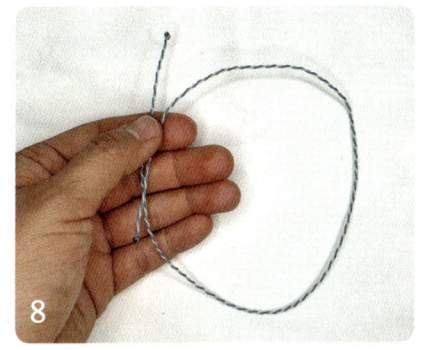 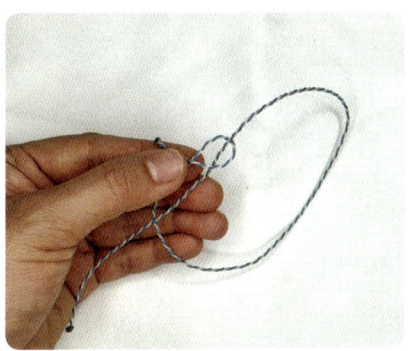 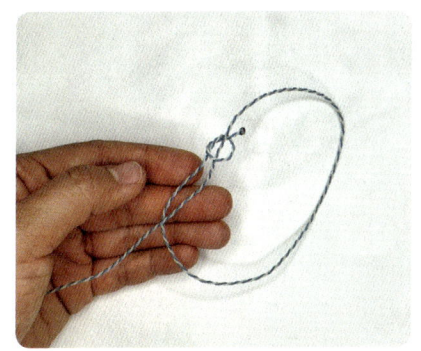

발찌를 동그랗게 잡고 끝부분에 겹쳐진 부분을 한 번 묶어줍니다.

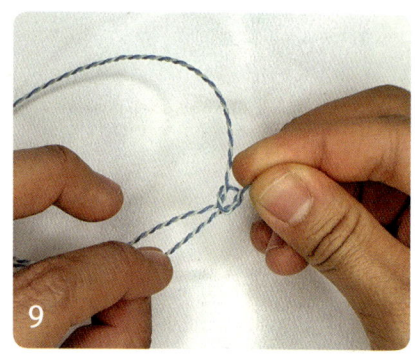

반대쪽 끝도 똑같이 묶어줍니다.

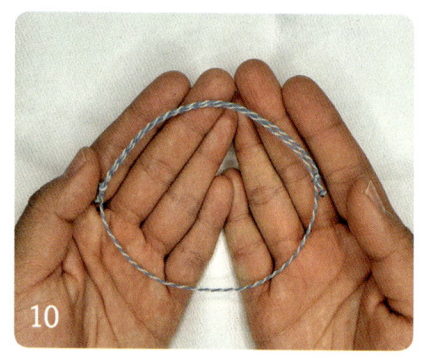

길이를 조절해서 착용이 가능한 두 줄 꼬기 발찌 완성입니다.

세 줄 꼬기 팔찌

세 줄 꼬기는 우리가 머리를 땋는 것과 같은 방식으로 실을 땋아내리는 매듭입니다. 쉽고 간단한 매듭으로 만들 수 있으면서도 세 가지 색상의 실을 조합하는 재미도 있는 팔찌랍니다.

 재료

 0.7mm 왁스실 60cm 세 가닥
0.7mm 왁스실 30cm 한 가닥(팔찌 고리 색상)

 도구

고정판
집게
가위
라이터

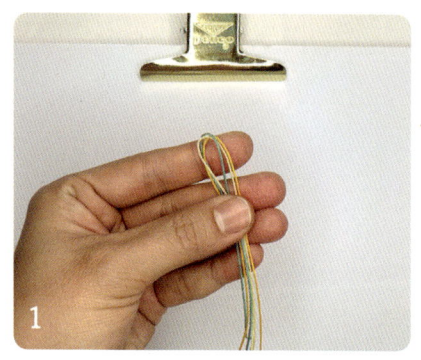 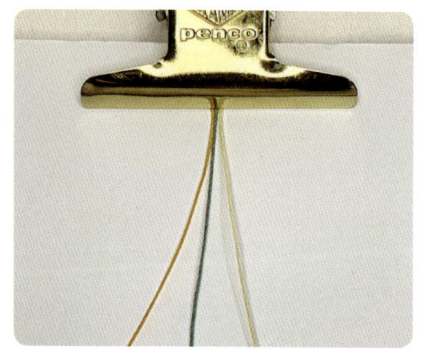 

60cm 실 세 가닥을 반으로 접어 가운데를 기준으로 반을 고정판 뒤로 넘긴 다음 집게로 고정해 준 뒤, 30cm 실로 팔찌의 고리를 만들어줍니다.

💡 '고리가 있는 팔찌 만들기'는 22쪽을 참고하여 엮어주세요.

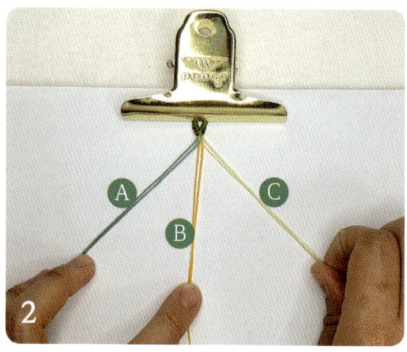 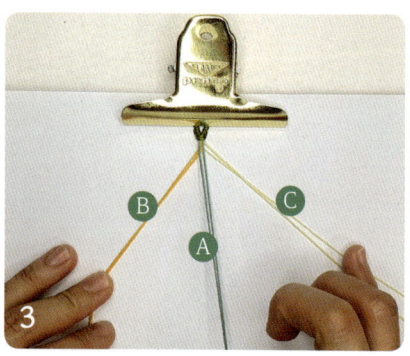

고리를 집게로 집어 고정하고, 같은 색상의 실 두 가닥끼리 짝을 지어 한 세트씩 정렬해 줍니다.

가장 왼쪽의 한 세트 A를 오른쪽의 B와 C 사이에 오도록 위치시켜 줍니다.

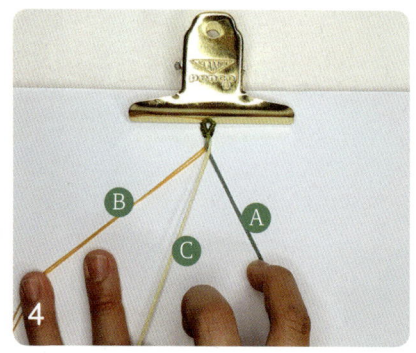 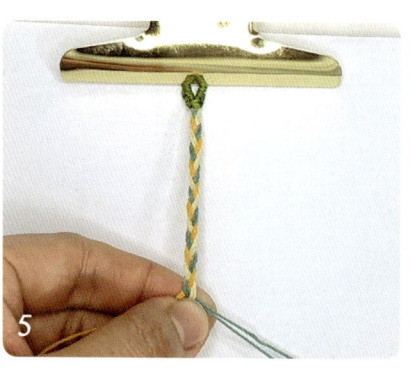

가장 오른쪽의 한 세트 C를 왼쪽의 B와 A 사이에 오도록 위치시켜 줍니다.

3~4번 과정을 반복해 팔목 둘레보다 약간 길게 매듭을 지어줍니다.

💡 두 가닥의 실을 한 세트로 묶어 매듭을 지을 때는 실이 꼬이지 않도록 정렬에 신경 써주세요.

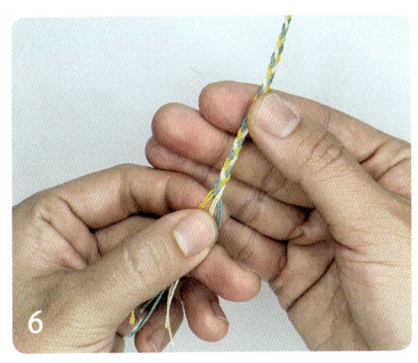 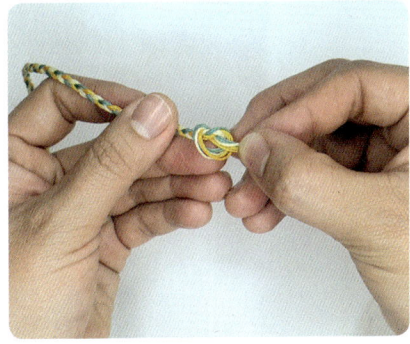

세 줄 땋기를 다 해줬으면 마무리하고 싶은 부분에서 여섯 가닥의 실을 한 번 묶어 줍니다.

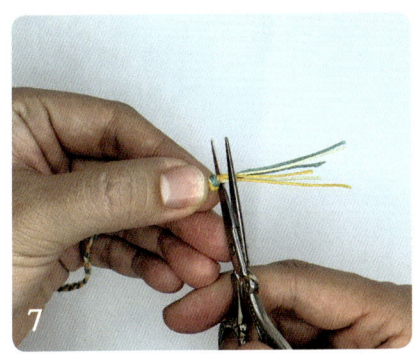 

묶고 남은 실을 길이가 같도록 가위로 잘라 라이터로 마무리해 줍니다.

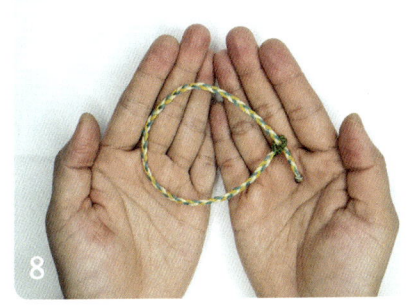

마무리한 매듭의 끝을 1번 과정에서 만든 고리에 넣으면 세 줄 꼬기 팔찌 완성입니다.

네 줄 꼬기 초커

네 줄 꼬기는 주로 목걸이 줄이나 팔찌의 마감 부분에 많이 사용하는 매듭입니다. 네 가지 색상의 실을 조합할 수 있어 심플한 펜던트와 매칭하여 포인트가 되는 초커나 목걸이를 만들면 좋습니다.

 재료

 0.7mm 왁스실 90cm 네 가닥
참 장식

도구

고정판
집게
가위
라이터

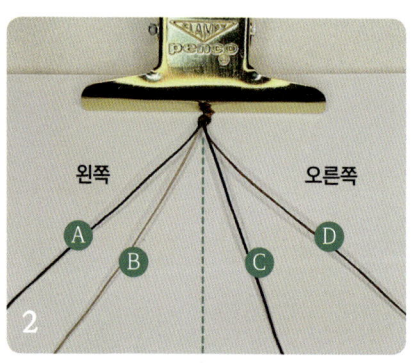

1. 네 가닥 실의 끝을 맞춰 끝부분에 매듭이 생기도록 한 번 묶어줍니다.

2. 묶어서 생긴 매듭의 윗부분을 집게로 고정하고, 실의 순서를 정해 정렬해 줍니다. 네 줄 꼬기는 왼쪽 두 줄, 오른쪽 두 줄 이렇게 반을 나눠서 생각해 주시면 됩니다. 왼쪽부터 각각의 실을 순서대로 A, B, C, D라고 가정하여 설명하겠습니다.

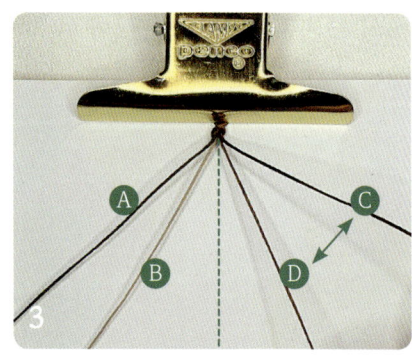
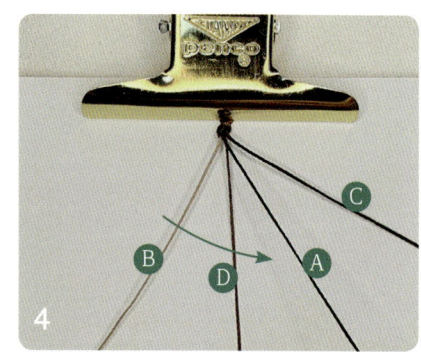

3. 오른쪽부터 시작하겠습니다. 오른쪽의 안쪽 줄 C가 바깥쪽으로 가도록 C와 D의 순서를 바꿔줍니다.

4. 반대쪽인 왼쪽 끝의 줄 A를 오른쪽 두 줄 D와 C 사이로 오도록 해줍니다.

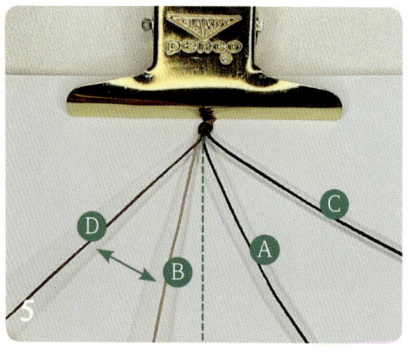
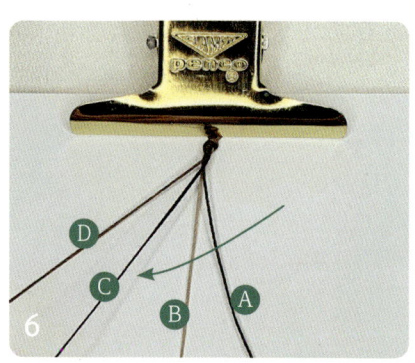

5. 이번에는 반대로 해보겠습니다. 왼쪽의 안쪽 줄 D가 바깥쪽으로 가도록 B와 D의 순서를 바꿔줍니다.

6. 오른쪽 끝의 줄 C가 왼쪽 두 줄 D와 B의 사이로 오도록 해줍니다.

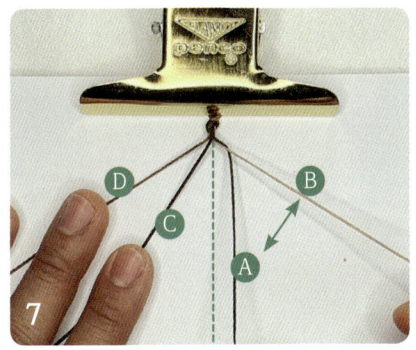

3~6번 과정을 반복하며 계속 매듭지어 줍니다.

실이 얼마 남지 않을 때까지 네 줄 꼬기로 매듭을 지어줍니다.

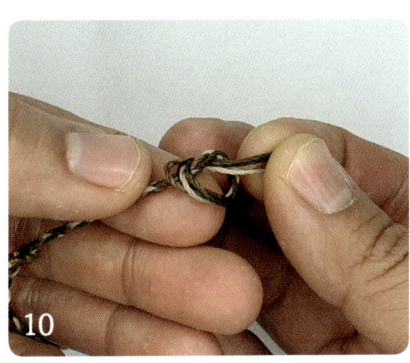

매듭의 끝을 묶기 전에 네 줄의 끝을 참 장식의 구멍으로 통과시켜 참 장식을 끼워줍니다.

매듭의 끝부분을 묶어 매듭지어줍니다.

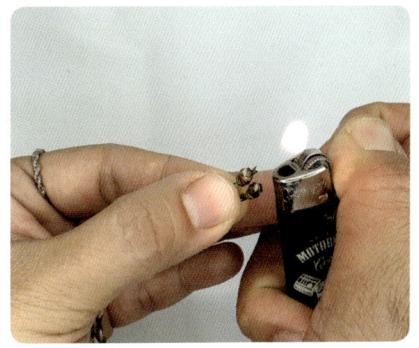

네 줄 꼬기로 매듭지은 줄의 양 끝을 가위로 자른 후 불로 녹여 마감해 줍니다.

줄의 양 끝을 겹치도록 잡은 후, 자투리 실로 길이 조절 매듭을 만들어줍니다. 네 줄 꼬기 줄을 중심줄, 자투리 실을 엮는줄로 하여 평매듭을 3회 이상 엮어줍니다.

🌀 평매듭은 58쪽을 참고하여 엮어주세요.

  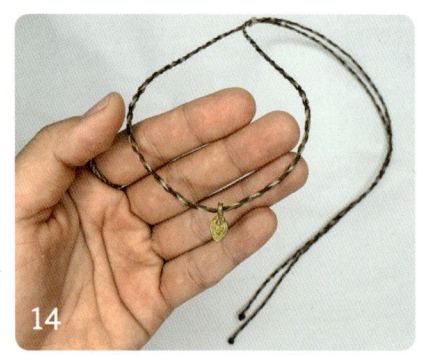

길이 조절 매듭을 다 엮었으면 남은 실을 자른 뒤 불로 녹여 마감해 줍니다.

네 줄 꼬기 초커 완성입니다.

🌀 매듭짓다 보면 실이 길어서 끝부분이 함께 매듭지어져 엉킬 수 있어요. 중간중간 실이 엉키지 않도록 잘 풀어가면서 매듭을 엮어주세요.

합장매듭

합장매듭은 두 가닥의 실로 좌우대칭을 이루는 원을 그리며 만들어나가는 매듭법입니다. 두 가닥의 실이 위아래로 엇물린 모양으로 완성됩니다.

합장매듭 반지

영화 뷰티 인사이드에서 주인공들이 착용하고 나오면서 유명해진 합장매듭 반지입니다. 두 가닥의 실로도 두께가 있는 매끈한 라인의 실반지를 만들 수 있습니다. 취향에 따라 실의 색상을 두 가지 섞거나 비즈를 하나 혹은 여러 개를 넣어 다양한 스타일로 연출이 가능합니다.

재료
1mm 왁스실 40cm 두 가닥
비즈 한 알

도구
고정판
집게
가위
라이터

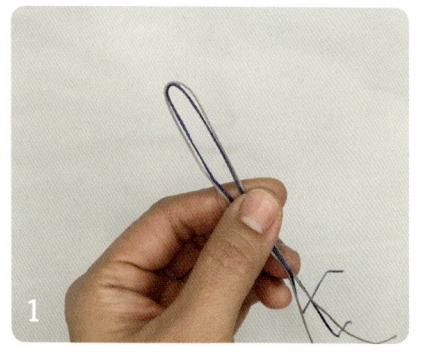 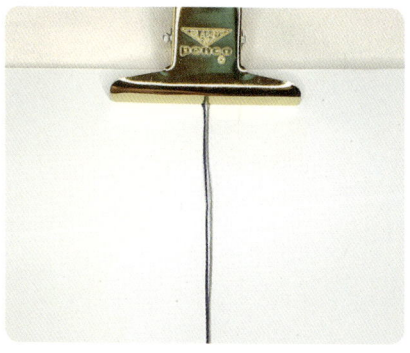

40cm 왁스실 두 가닥을 반으로 접어 가운데를 기준으로 반을 고정판 뒤로 넘긴 다음, 집게로 집어 고정합니다.

비즈에 두 가닥의 실을 통과시킨 뒤, 맨 위쪽으로 밀어 실의 중앙 부분에 오도록 위치시켜 줍니다.

합장매듭 엮기

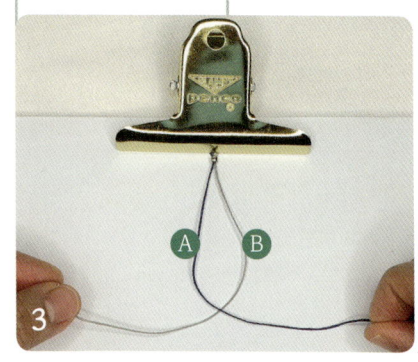 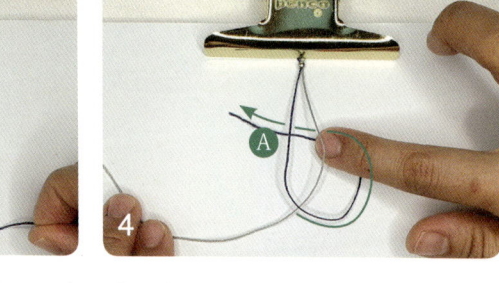 

왼쪽 실 A와 오른쪽 실 B를 X자로 교차해 자리를 바꿔줍니다. 이때 A가 B보다 앞쪽에 오도록 합니다.

실 A의 끝부분을 B의 아래쪽으로 넣어 오른쪽에 동그라미 하나를 그립니다.

실 A의 끝부분을 왼손으로 잡아줍니다.

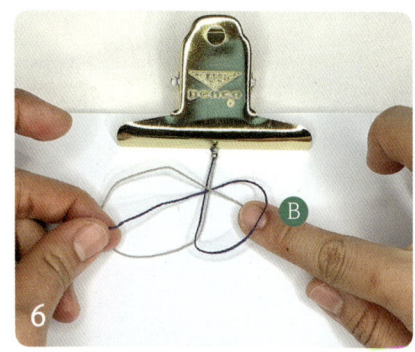 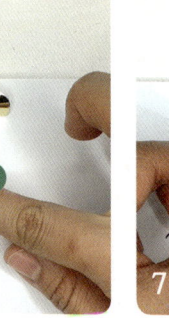  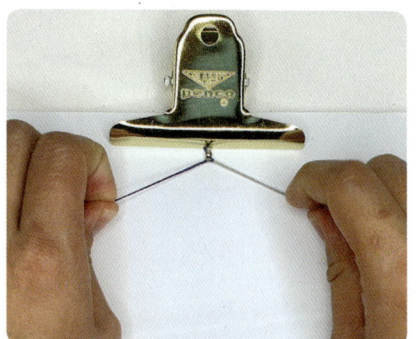

이 상태에서 오른쪽에 만들어진 동그라미 아래쪽으로 손을 넣은 뒤, 실 B의 끝부분을 잡습니다.

양손으로 잡은 실의 끝을 동시에 당겨줍니다. 이때 양손에 동일하게 힘을 주고 당겨야 매듭의 모양이 균일하게 만들어집니다.

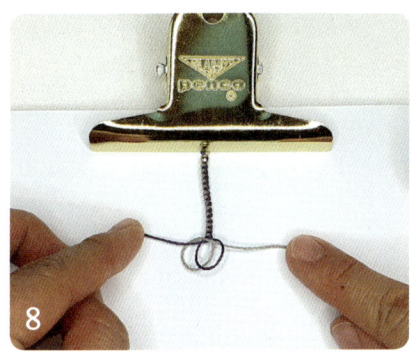 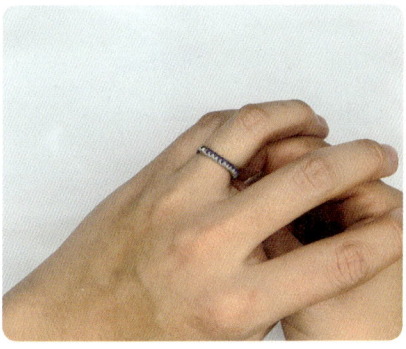

매듭의 길이가 손가락 둘레의 절반이 될 때까지 3~7번 과정을 반복해 매듭지어줍니다.

 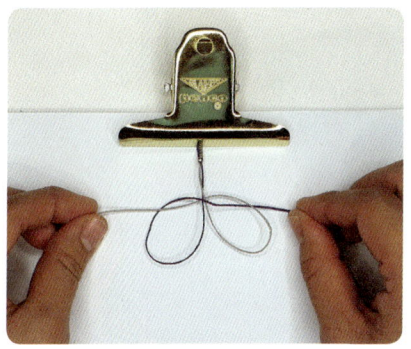

손가락 둘레의 절반 길이까지 매듭을 지었으면 1번 과정에서 뒤로 넘긴 실을 가져와 비즈를 기준으로 반대 방향으로 뒤집어서 매듭을 이어나갑니다.

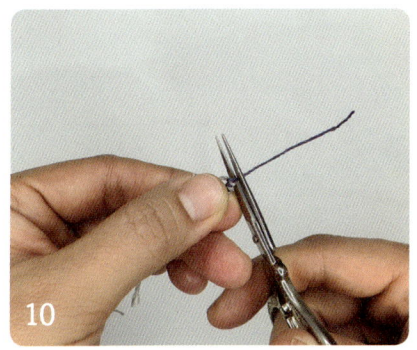 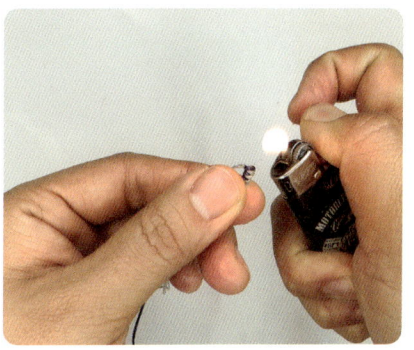

매듭의 길이가 손가락 둘레 길이가 되면 양쪽에 한 가닥씩만 남기고 다른 한 가닥은 가위로 자른 뒤 불로 녹여 정리해 줍니다.

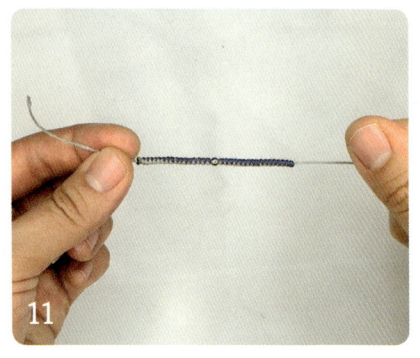 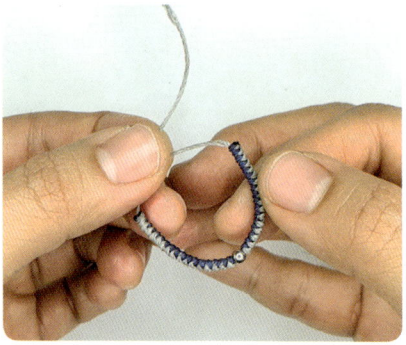

필요 없는 실을 정리했으면 매듭을 둥그런 모양으로 잡아줍니다.

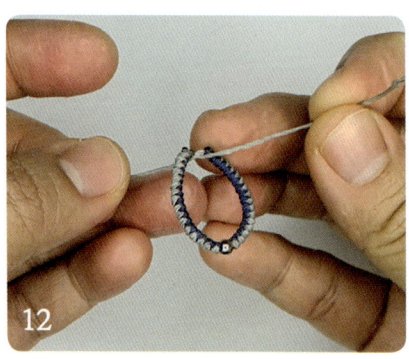 

양쪽 끝의 실을 두 번 묶어줍니다.

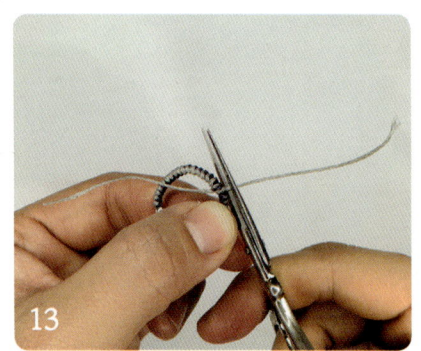 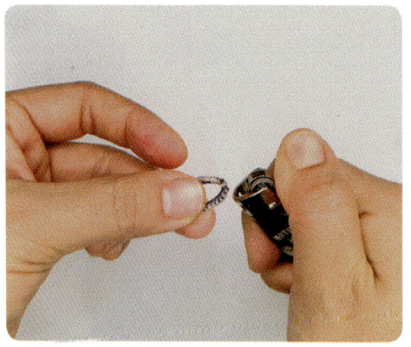 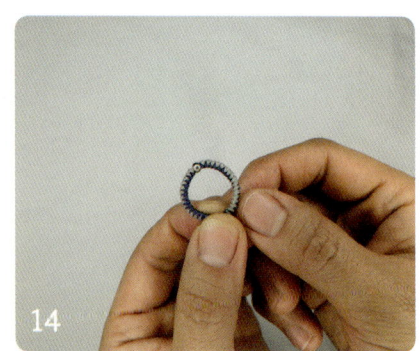

다 묶었으면 남은 실을 모두 정리해 줍니다.

비즈를 넣은 합장매듭 반지 완성입니다.

좌우엮기

좌우엮기는 서양 매듭 공예의 하나로, 두 가닥의 실이 좌우로 번갈아
가며 한 가닥이 나머지 한 가닥을 엮어주는 매듭법입니다.

은볼 실반지

좌우엮기 매듭법으로 쉽고 간단하게 만들 수 있는 반지입니다. 매듭법 자체가 쉬워 금방 익힐 수 있고 만드는 시간도 짧아 여러 가지 조합으로 만들어보기 좋습니다. 착용했을 때 특유의 매듭이 만들어내는 무늬가 매력적입니다.

 재료

 0.7mm 왁스실 40cm 두 가닥
3mm 은볼

 도구

고정판
집게
가위
라이터

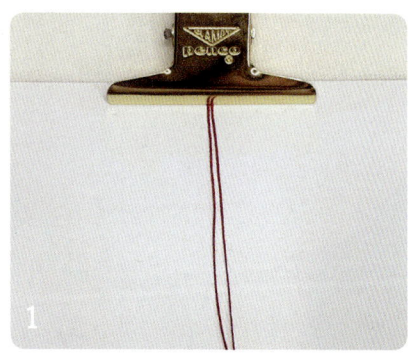
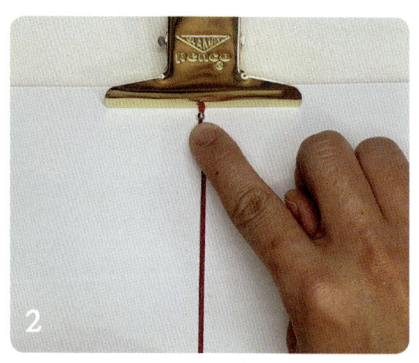

40cm 실 두 가닥의 중앙 부분을 집게로 집어 고정판에 고정합니다.

두 가닥의 실에 은볼을 끼운 뒤 은볼이 실의 중앙 부분에 위치할 수 있도록 올려줍니다.

좌우엮기매듭 엮기

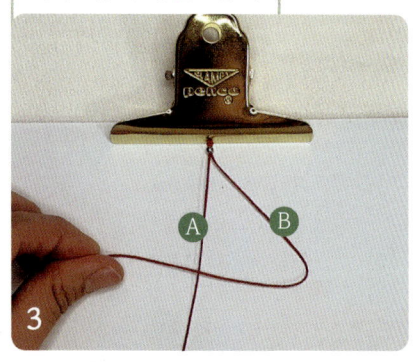
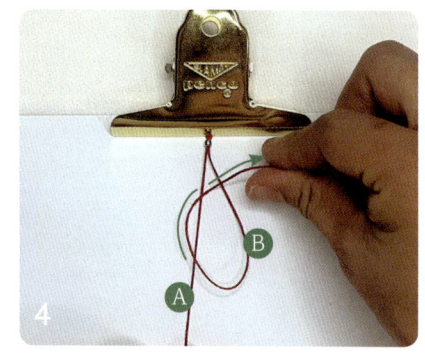

이제 좌우엮기 매듭법을 이용해 매듭을 지어보겠습니다. 먼저 오른쪽 실 B를 왼쪽 실 A 위에 올려줍니다.

오른쪽 실 B의 끝을 오른쪽에 생긴 구멍으로 빼서 당겨줍니다. 이때 실 A를 B가 한 번 감싸며 매듭이 지어집니다.

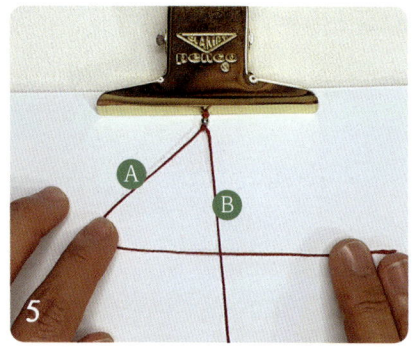
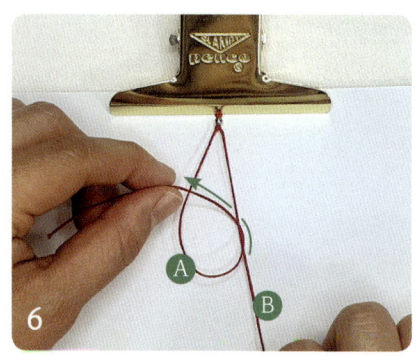

이번에는 왼쪽 실 A를 오른쪽 실 B 위에 올려줍니다.

왼쪽 실 A의 끝을 왼쪽에 생긴 구멍으로 빼서 당겨줍니다. 이때 실 B를 A가 한 번 감싸며 매듭이 지어집니다.

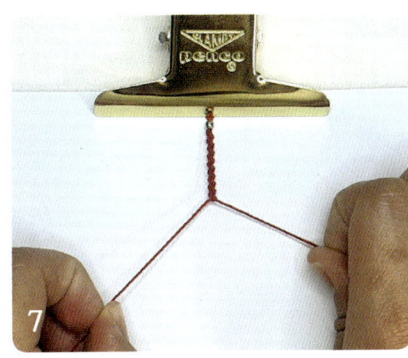 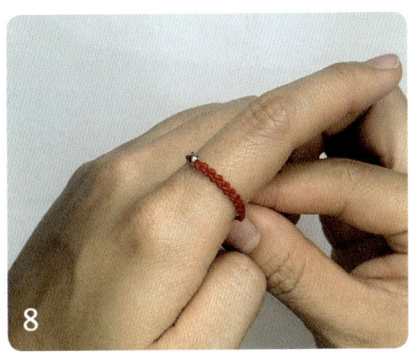 

3~6번 과정을 반복하며 매듭을 이어나 갑니다.

매듭이 손가락의 절반을 감싸는 길이가 되면 은볼을 기준으로 매듭을 반대쪽으로 돌려 고정판에 고정합니다.

좌우엮기 매듭으로 반대쪽도 동일하게 매듭지어줍니다.

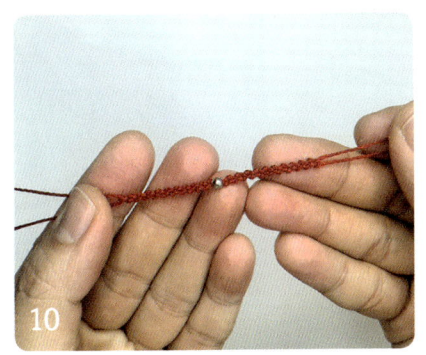 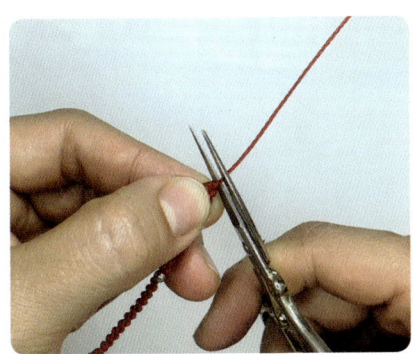 

매듭이 손가락 둘레 길이가 될 때까지 엮어준 후, 양쪽에 실을 한 가닥씩 잘라 불로 마감해 줍니다.

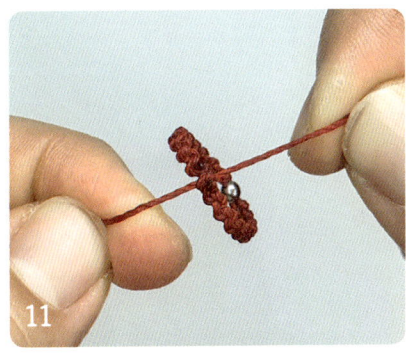

양쪽에 남은 실끼리 매듭을 두 번 묶어 줍니다.

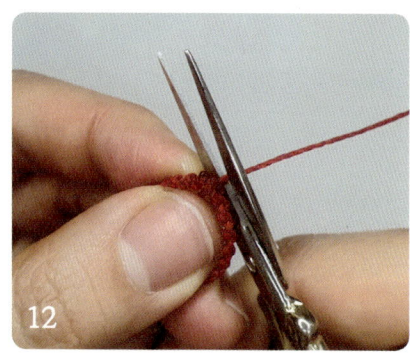

단단히 묶어준 뒤에 남은 실을 모두 잘라 마감해 줍니다.

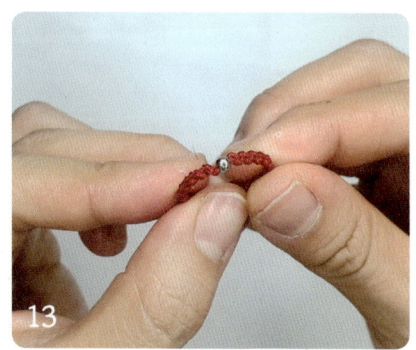
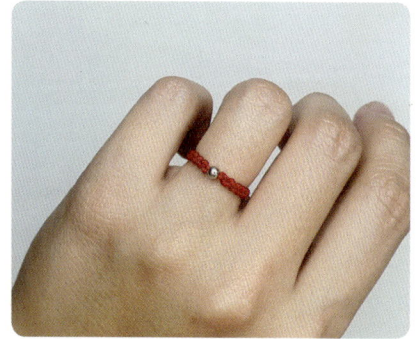

좌우엮기매듭으로 엮은 은볼 실반지 완성입니다.

평매듭

주변에서 펜던트가 들어간 매듭 팔찌를 한 번쯤 본 적이 있으신가요? 그렇다면 평매듭으로 엮은 팔찌일 가능성이 높답니다. 평매듭은 로프매듭 팔찌와 펜던트를 활용한 팔찌에 가장 흔하게 쓰이는 매듭법입니다. 평매듭은 방법이 간단해 배우기 쉬울 뿐만 아니라 펜던트를 넣거나 실 종류만 달리하여 다양한 분위기의 액세서리를 연출할 수 있습니다. 마크라메 액세서리를 만들 때 목걸이와 팔찌의 길이 조절 매듭으로도 많이 사용될 예정입니다. 활용도가 높으면서도 정갈한 매력을 지닌 평매듭은 마크라메를 처음 접할 때 아주 좋은 매듭법입니다.

[평매듭 배우기]

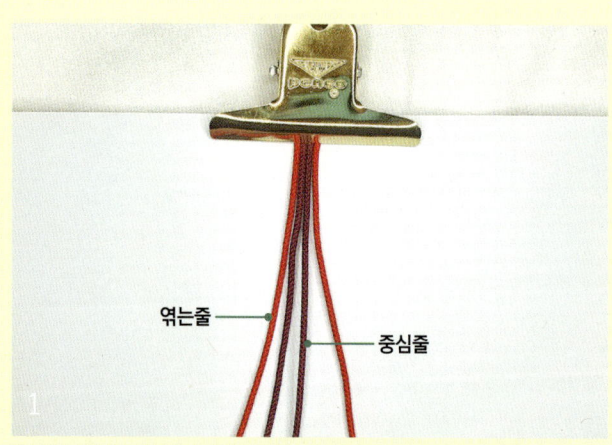

1. 중심줄을 엮는줄 두 줄 사이에 오도록 위치시켜 준 뒤, 고정판에 집게로 집어 고정합니다.

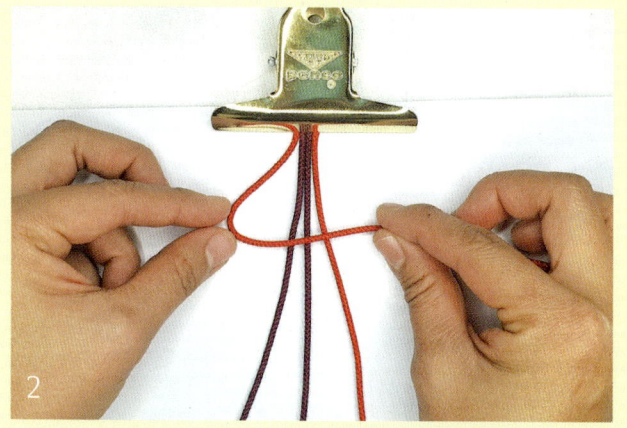

2. 엮는줄로 숫자 '4'를 만든다고 생각하며 매듭을 지어보겠습니다. 먼저 왼쪽 실을 두 가닥의 중심줄 위로 올려 숫자 '4'의 각진 부분을 만들어줍니다.

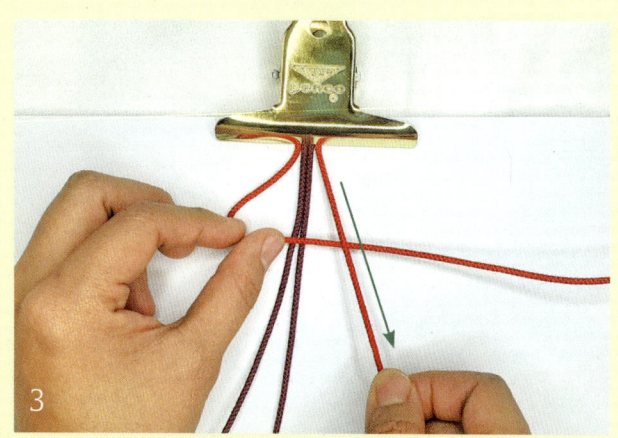

3. 오른쪽의 엮는줄로 숫자 '4'의 작대기 부분을 그리듯 다른 실들 위에 놓아줍니다.

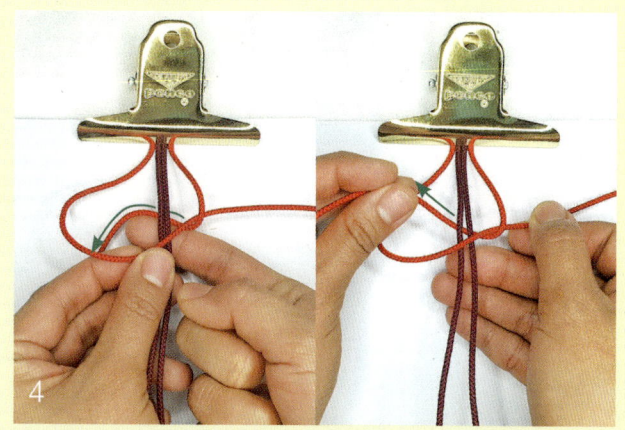

4. 오른쪽 엮는줄이 중심줄 두 가닥의 뒤를 지나 왼쪽 구멍의 뒤에서 앞으로 나오도록 빼줍니다.

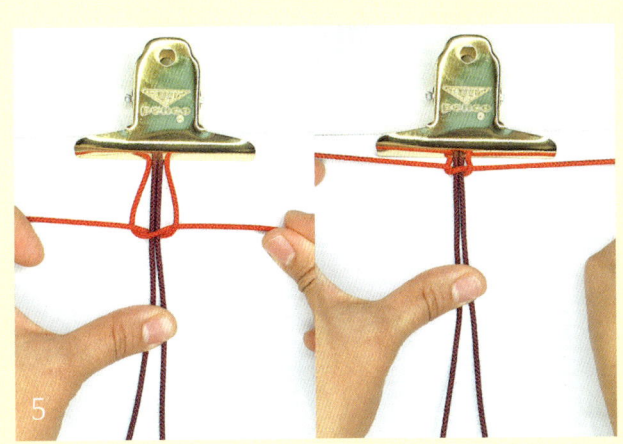

양쪽의 엮는줄을 동일한 힘으로 당겨줍니다. 당길 때에는 중심줄이 고정되도록 손가락 하나로 눌러줍니다.

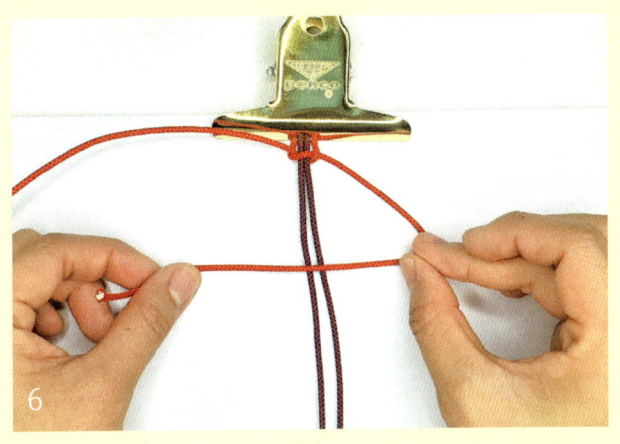

이번에는 반대로 된 '4'를 그리며 매듭을 지어보겠습니다. 오른쪽의 엮는줄을 두 가닥의 중심줄 위로 올려 반대로 된 숫자 '4'의 각진 부분을 만들어줍니다.

왼쪽의 엮는줄로 숫자 '4'의 작대기 부분을 그리듯 다른 실들 위에 놓아줍니다.

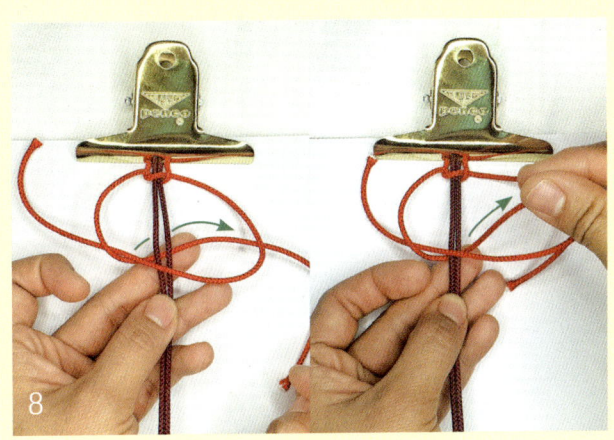

왼쪽 엮는줄이 중심줄 두 가닥의 뒤를 지나 오른쪽 구멍의 뒤에서 앞으로 나오도록 빼줍니다.

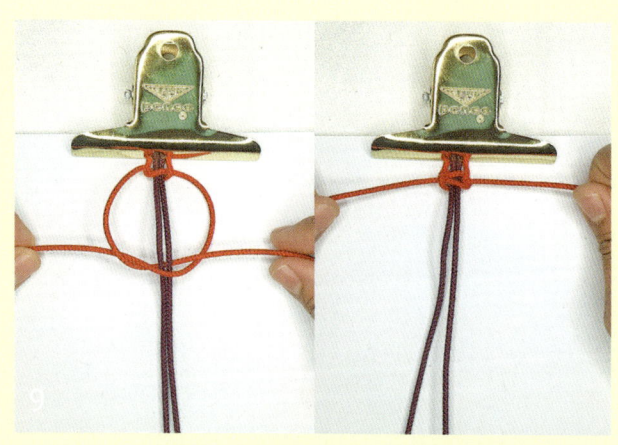

양쪽의 엮는줄을 동일한 힘으로 당겨줍니다. 당길 때에는 중심줄이 고정되도록 손가락 하나로 눌러줍니다.

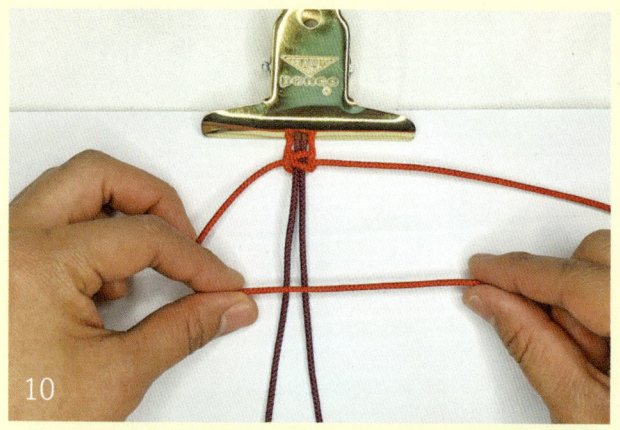

2~9번 과정이 평매듭 한 번입니다. 계속 반복하며 매듭을 엮어 평매듭을 충분히 익혀봅니다.

평매듭을 이어서 매듭지을 때 매듭짓는 방향 구분법

평매듭을 중간부터 이어서 엮어야 할 때 어느 쪽으로 매듭을 엮을 차례인지 기억이 안 난다면 유용하게 쓸 수 있는 구분 방법을 알려드리겠습니다.

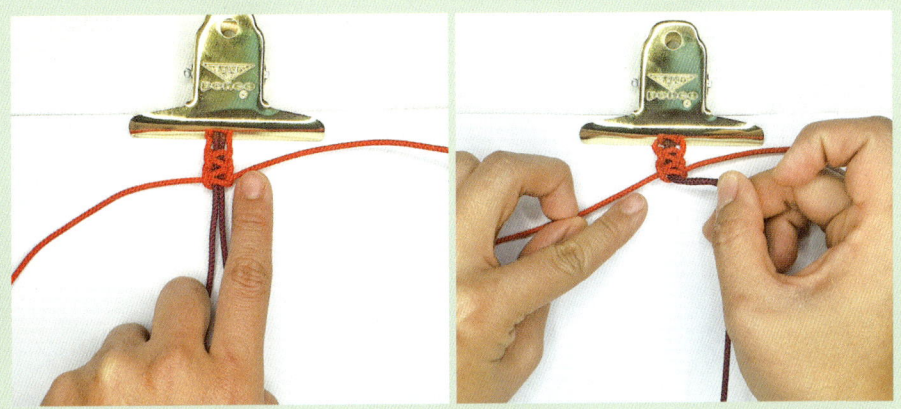

평매듭을 보면 한쪽 엮는줄은 매듭의 앞쪽 방향으로, 다른 한쪽의 엮는줄은 매듭의 뒤쪽 방향으로 나와있는 것을 확인할 수 있습니다.

매듭의 뒤쪽 방향으로 나오고 있는 엮는줄이 다음 매듭을 지을 때 숫자 '4'를 그리며 매듭지어줄 실입니다.

> 부록

평돌기 매듭

평매듭과 평돌기 매듭은 엮는 방법이 크게 다르지 않아서 하나를 알면 두 개의 매듭을 모두 엮을 수 있습니다. 앞서 배운 평매듭 과정에서 2~5번 과정만 계속해서 반복하면 평돌기 매듭입니다.

평돌기 매듭을 엮어줄 때 중요한 것은 매듭을 엮다 보면 매듭이 한쪽 방향으로 돌아가는데 이때 중간중간 매듭을 돌려가며 엮어주어야 한다는 점입니다. 매듭 짓고 있는 부분의 평평한 면이 정면으로 보이도록 매듭을 돌려가며 엮어주어야 예쁜 모양으로 일정하게 돌아가는 평돌기 매듭이 완성됩니다.

나무비즈 반지

정갈한 평매듭의 매력이 살아나는 반지입니다. 매듭의 느낌과 나무비즈의 결이 잘 어우러져 따뜻하고 차분한 분위기를 자아냅니다. 기본 매듭법인 평매듭으로 만들 수 있고 초보자가 만들어도 완성도 높은 결과물을 낼 수 있어 좋은 작품입니다.

 재료

0.7mm 왁스실 20cm 두 가닥
0.7mm 왁스실 90cm 한 가닥
3mm 나무비즈

+ 처음에는 긴 왁스실과 짧은 왁스실 두 가닥의 색상을 구분해서 연습하는 걸 추천해요. 이때 길이가 긴 실이 엮는줄 역할을 해서 반지의 주요 색상이 돼요.

 도구

고정판
집게
가위
라이터

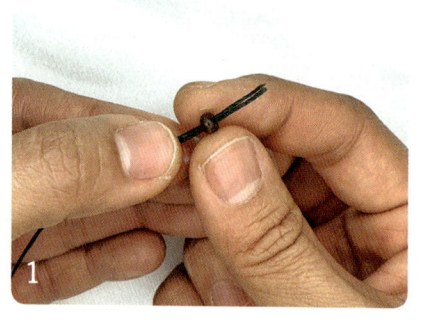 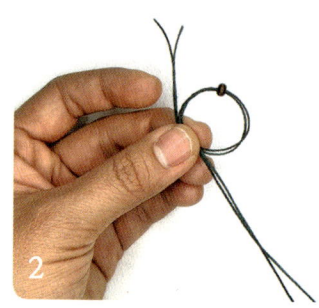

20cm 왁스실 두 가닥을 준비합니다. 두 가닥의 실에 나무비즈를 끼워줍니다.

실 두 가닥을 겹쳐서 잡고 손가락에 둘러 동그라미를 만들어줍니다. 동그라미를 만들어 겹쳐진 네 줄을 중심줄로 사용합니다.

🌀 동그라미를 만들 때 한쪽 끝은 실이 짧게, 한쪽 끝은 실이 길게 남도록 해주세요. 그리고 끝이 길게 남은 쪽이 아래로 오도록 잡아주세요.

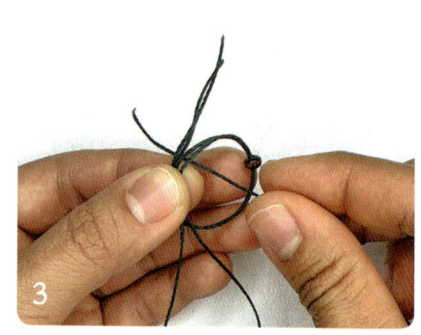 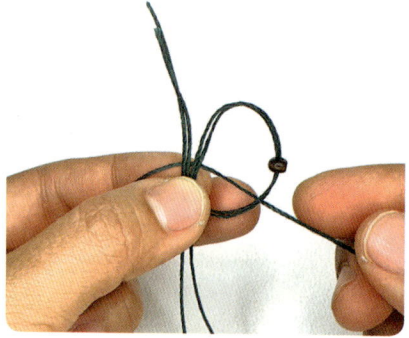

이제 90cm의 긴 왁스실을 가져와서 동그라미를 통과하여 중심줄 네 가닥 아래쪽에 위치하도록 실을 넣어줍니다.

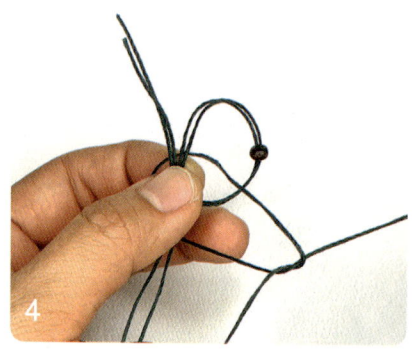 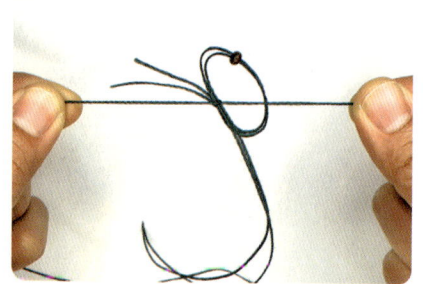

긴 왁스실의 중심에서 매듭이 묶이도록 한 번 묶어줍니다.

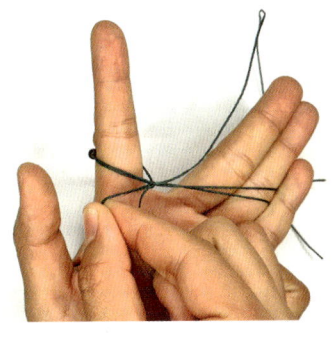 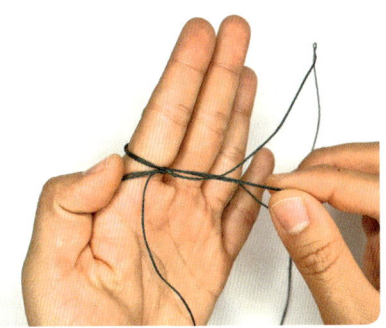

5

반지의 사이즈를 정합니다. 동그라미를 반지를 끼울 손가락에 넣고 손가락 둘레에 맞춰 동그라미의 크기를 조절해 줍니다. 중심줄의 양쪽 끝을 당기면 동그라미의 크기를 조절할 수 있습니다.

❀ 매듭을 지은 후에 매듭 공간으로 인해 둘레가 약간 줄어들 수 있으니, 손가락이 너무 조이지 않도록 약간의 여유를 남겨놓고 동그라미의 크기를 정해주는 것이 좋아요.

 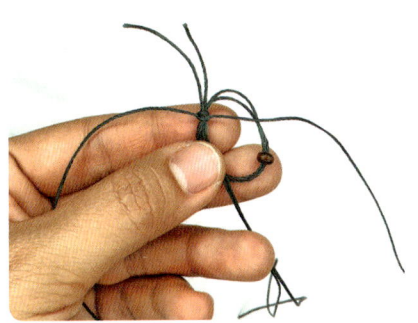

6

긴 실을 엮는줄, 동그라미를 만들고 있는 네 가닥의 실을 중심줄로 하여 평매듭을 엮어줍니다.

❀ 평매듭은 58쪽을 참고하여 엮어주세요.

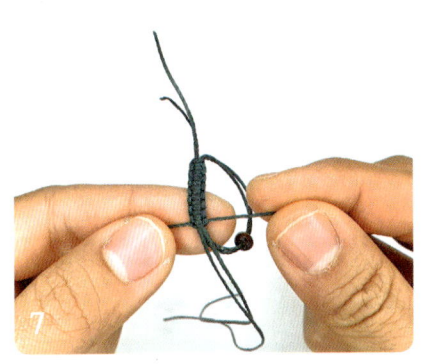 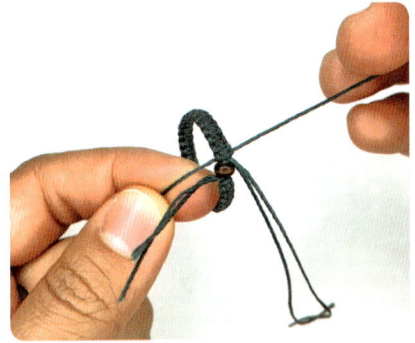 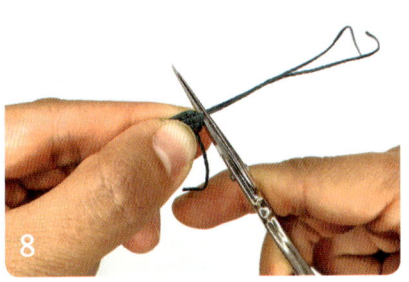

7

중심줄을 다 덮을 때까지 평매듭을 이어나가면 됩니다.

❀ 중심줄은 처음과 같은 네 가닥으로 끝까지 이어나가 주세요. 중간에 다른 실과 혼동하지 않도록 주의해서 매듭을 엮어주세요.

8

평매듭을 중심줄을 다 덮을 때까지 엮어줬으면 중심줄부터 마감해 줍니다. 가위로 가위날 폭만큼의 길이만 남기고 잘라줍니다.

실을 자른 후 라이터로 자른 실을 녹여 마감해 줍니다.

✽ 라이터로 마감 시 다른 실이 녹지 않도록 잘 잡아주세요. 라이터 안쪽의 파란불을 사용해 살짝씩 실을 녹여 타지 않도록 주의하세요.

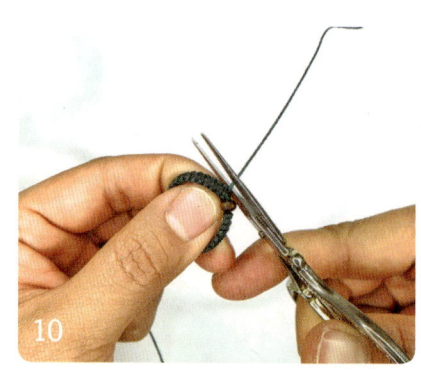

중심줄을 마감한 후 곧바로 엮는줄도 마감해 줍니다. 중심줄이 녹은 부분을 최대한 가리고 싶다면 평매듭을 1~2번 정도 더 엮어준 후 마감합니다.

나무비즈를 넣은 평매듭 반지 완성입니다.

원석 매듭 팔찌

원석을 넣어 만든 평돌기 매듭 팔찌입니다. 비즈와 원석, 매듭의 조화가 고급스러운 분위기를 풍기며 어디에도 레이어드하기 좋은 팔찌입니다.

 재료 **도구**

 0.7mm 왁스실 45cm 두 가닥 고정판
0.7mm 왁스실 80cm 두 가닥 집게
6mm 구슬원석 한 알 가위
3mm 비즈 두 알 라이터

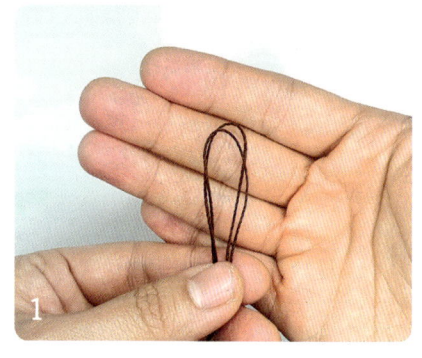 

45cm의 실 두 가닥을 반으로 접어 중간 지점을 표시한 뒤, 반으로 접힌 중간 지점보다 살짝 윗부분을 집게로 집어 고정판에 고정합니다.

 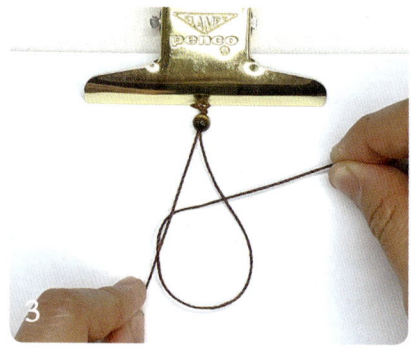 

두 가닥의 실에 6mm 크기의 구슬원석을 끼운 뒤, 맨 위쪽으로 밀어 실 두 가닥의 중앙 부분에 구슬원석을 위치시켜 줍니다.
◎ '비즈 끼우기' 18쪽을 참고해 주세요.

구슬원석을 기준으로 좌우엮기를 두 번씩 엮어 중앙 부분에 구슬원석을 고정해 줍니다.
◎ 좌우엮기매듭은 54쪽을 참고하여 엮어주세요.

좌우엮기매듭을 엮은 다음에 비즈가 채워질 수 있도록 두 가닥의 실에 비즈를 끼워줍니다.

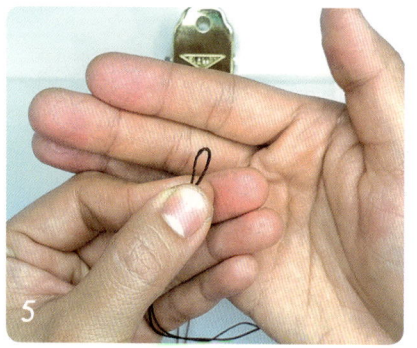 

평돌기 매듭을 엮기 위해 80cm 실 한 가닥을 반으로 접어 준비합니다. 반으로 접힌 중앙 부분이 구슬원석과 비즈를 끼운 두 가닥의 실 아래쪽에 오도록 위치시켜 줍니다.

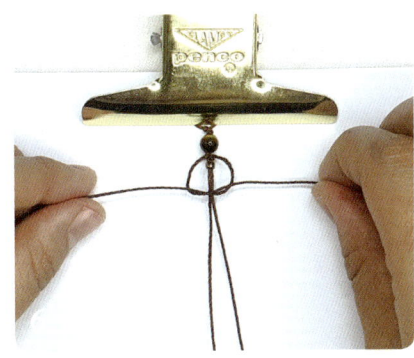
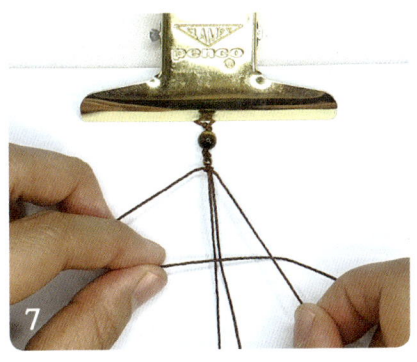

80cm 실을 반으로 접힌 중심 지점에서 한 번 묶어 고정해 줍니다.

6번 과정에서 묶어준 양쪽의 두 가닥을 엮는줄, 가운데에 위치한 두 가닥을 중심줄로 하여 평돌기 매듭을 엮어줍니다.
🌸 평돌기 매듭은 62쪽 부록을 참고하여 엮어주세요.

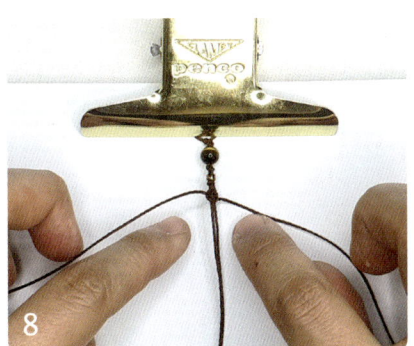
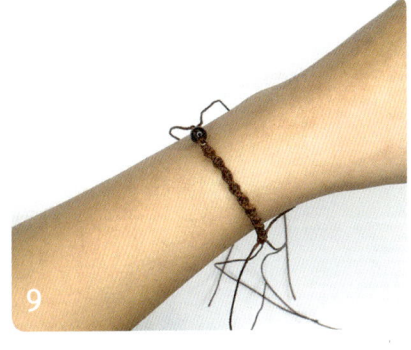

평돌기 매듭은 매듭이 돌아가면서 회오리 모양으로 지어지는 매듭입니다. 5번 이상 매듭을 지을 때마다 매듭의 평평한 부분이 다시 정면으로 보이도록 돌려 집게로 집어주며 매듭지어줍니다.

팔찌를 팔에 대어 보았을 때 평돌기 매듭으로 매듭지은 부분이 팔의 1/4 이상을 덮는 길이가 될 때까지 매듭을 지어줍니다.

팔찌를 반대쪽으로 돌려 똑같이 비즈를 추가하고 평돌기 매듭으로 매듭을 지어줍니다.

 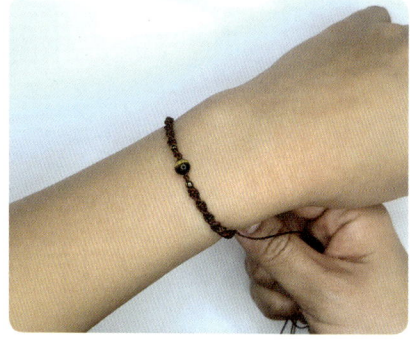

팔찌의 평돌기 매듭 부분이 손목을 반 이상 덮을 때까지 매듭을 지어줍니다. 매듭의 길이는 여러분의 취향에 따라 더 길거나 더 짧게 만들 수 있습니다.

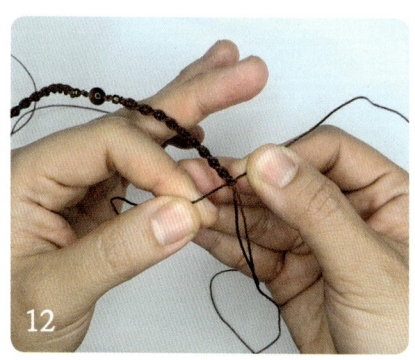 

팔찌의 무늬 부분 매듭을 다 엮었으면 매듭짓고 남은 엮는줄을 잘라 정리해 줍니다.
🌼 실을 자르기 전 매듭을 한 번 더 꽉 조여주어 마감하는 동안 매듭이 풀리지 않도록 해주세요.

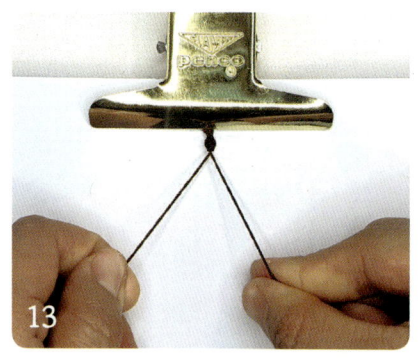 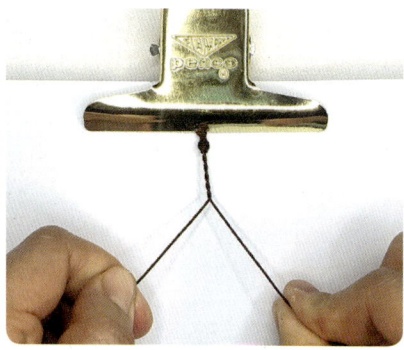

남은 중심줄 두 가닥으로 두 줄 꼬기를 해줍니다. 팔찌의 길이 조절이 가능하도록 하는 작업입니다.
🌼 두 줄 꼬기 매듭은 32쪽을 참고하여 엮어주세요.

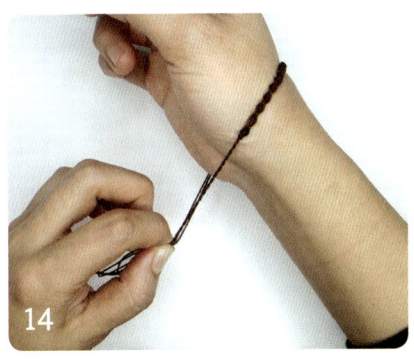 

팔찌의 총 둘레가 손의 가장 두꺼운 부분을 통과할 수 있도록 팔찌 길이를 정해준 뒤 끝을 묶어줍니다.

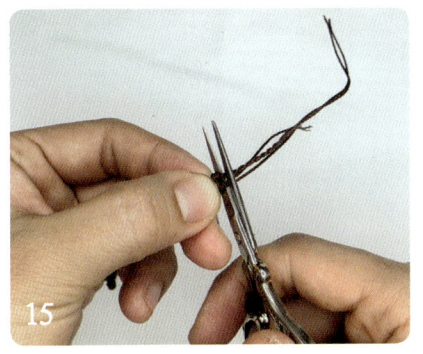 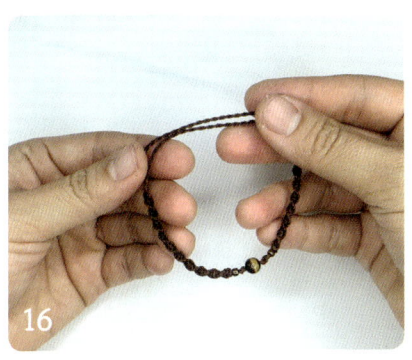

남은 실을 잘라 정리해 줍니다.

정리하고 남은 자투리 실을 이용해 길이 조절 매듭을 만들어주겠습니다. 팔찌를 동그랗게 잡아줍니다.

두 줄 꼬기 매듭이 겹친 부분을 자투리 실로 한 번 묶어줍니다. 이때 자투리 실의 중앙 부분에서 매듭이 생길 수 있게 해줍니다.

자투리 실을 엮는줄, 두 줄 꼬기 매듭 부분을 중심줄로 하여 평매듭을 3회 이상 엮어줍니다.

☺ 평매듭은 58쪽을 참고하여 엮어주세요.

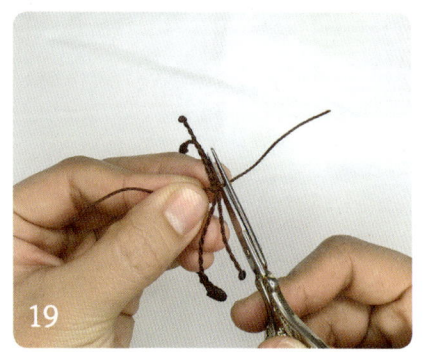

매듭을 다 지어줬으면 남은 실들을 자르고 녹여 마감해 줍니다.

길이 조절이 가능한 원석 매듭 팔찌 완성입니다.

이어엮기

이어엮기매듭은 마크라메에서 가장 흔하게 사용하는 매듭법입니다. 매듭 한 가지 만으로도 무궁무진한 모양의 작품들을 만들어 낼 수 있는 아주 매력적인 매듭법이죠. 처음에는 생소하고 어렵게 느껴질 수 있지만 이 매듭법만 익혀도 그다음부터는 매듭 순서만 변형해서 수많은 작품을 만들 수 있습니다.

[이어엮기매듭 배우기]

중심줄 1줄과 엮는줄 4줄을 준비합니다. 중심줄이 가장 왼쪽에 오도록 실들을 집게로 집어줍니다. 중심줄을 왼쪽에서 오른쪽 방향으로 엮는줄과 순서대로 엮으며 연습해 보겠습니다. 이어엮기매듭법은 총 두 번의 과정이 있습니다.

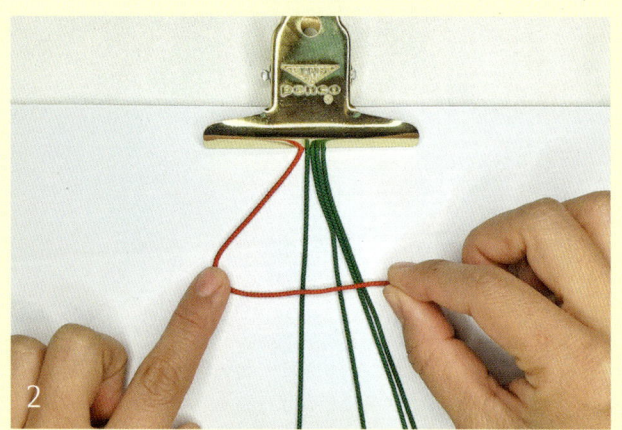

먼저 첫 번째 엮는줄과 매듭을 지어보겠습니다. 중심줄을 엮는줄 위에 올려줍니다.

중심줄을 엮는줄 위에 올렸을 때 자연스럽게 생기는 구멍으로 첫 번째 엮는줄을 빼줍니다.

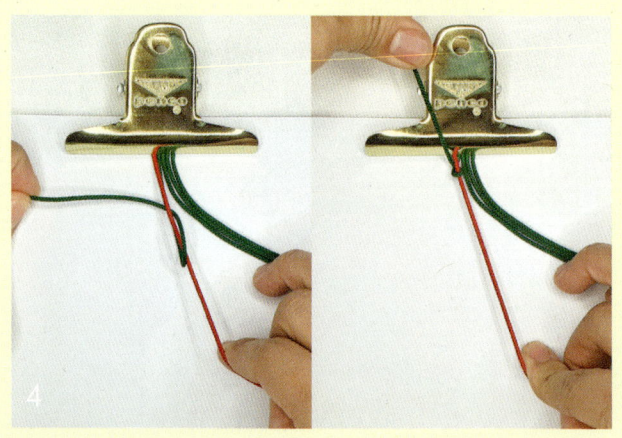

중심줄을 팽팽하게 당겨준 뒤 엮는줄을 지퍼 잠그듯이 위쪽으로 쭈욱 당겨줍니다.

TIP 엮는줄을 당기는 방향은 중심줄이 향하는 방향의 반대 방향이에요.

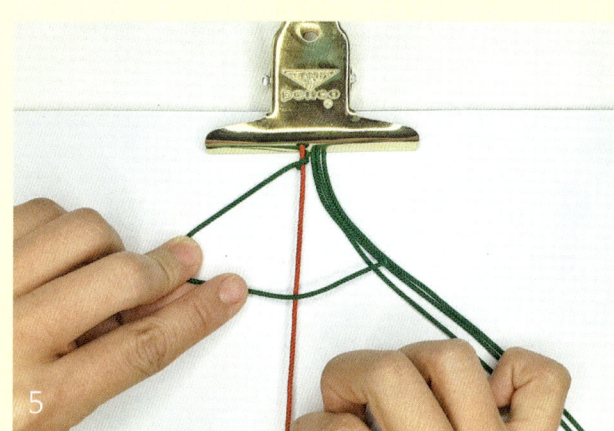

이번에는 엮는줄을 중심줄 위로 올려줍니다.

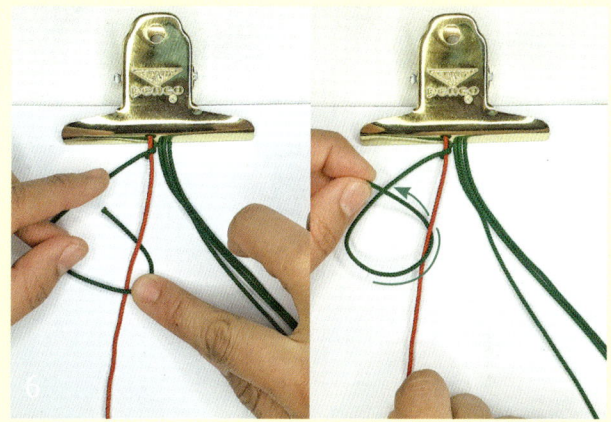

자연스럽게 생기는 구멍으로 엮는줄을 빼서 당겨줍니다. 이렇게 하면 이어엮기매듭 하나 완성입니다.

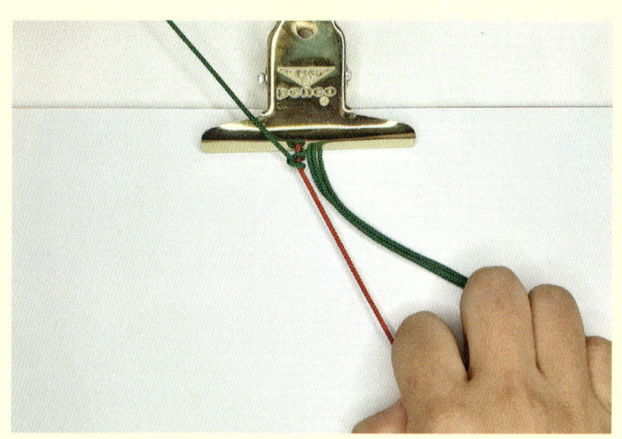

TIP 중심줄을 먼저 당겨 팽팽하게 한 뒤에 엮는줄을 당겨주세요. 엮는줄로 만든 매듭이 중심줄에 차곡차곡 쌓인다는 느낌으로 매듭지어주세요.

남은 엮는줄 3줄도 2~6번 과정을 반복해 매듭지어줍니다.

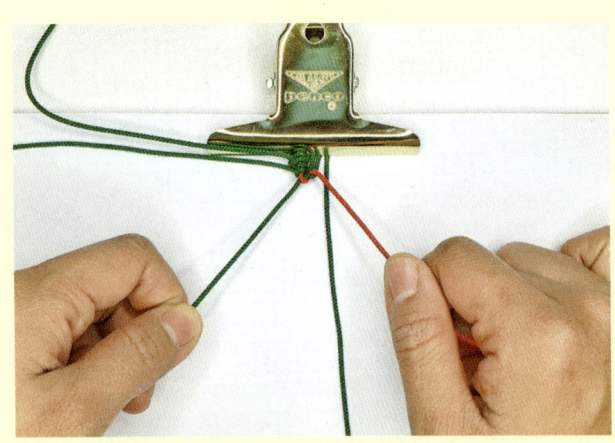

TIP 중심줄보다 엮는줄을 더 세게 당기면 매듭의 모양이 뒤틀려 완전히 다른 모양이 나올 수 있어요. 처음에는 모양을 의식하면서 매듭법을 연습하는 것이 중요합니다.

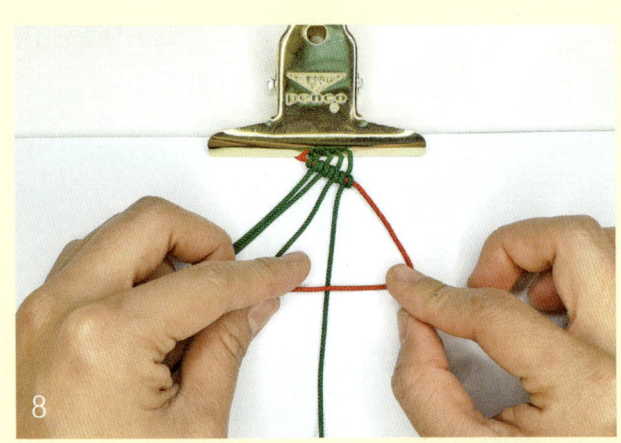

엮는줄을 순서대로 모두 엮어줬으면 중심줄의 방향을 바꿔서 매듭을 지어보겠습니다. 이번에는 중심줄을 오른쪽에서 왼쪽 방향으로 매듭짓겠습니다. 중심줄이 향하는 방향은 반대지만 방법은 같습니다. 중심줄을 엮는줄 위에 올려줍니다.

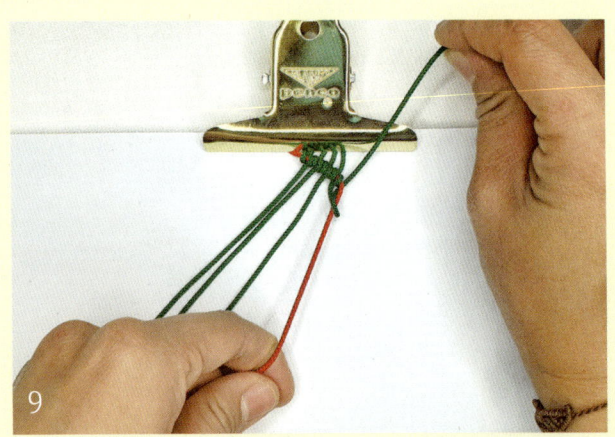

중심줄을 엮는줄 위에 올려서 생긴 구멍으로 엮는줄을 뺀 뒤 당겨줍니다. 엮는줄을 당기는 방향은 중심줄이 향하는 반대 방향인 오른쪽입니다.

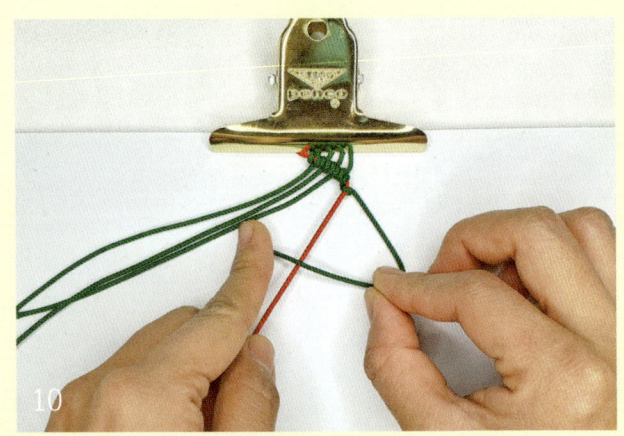

엮는줄을 중심줄 위로 올려줍니다.

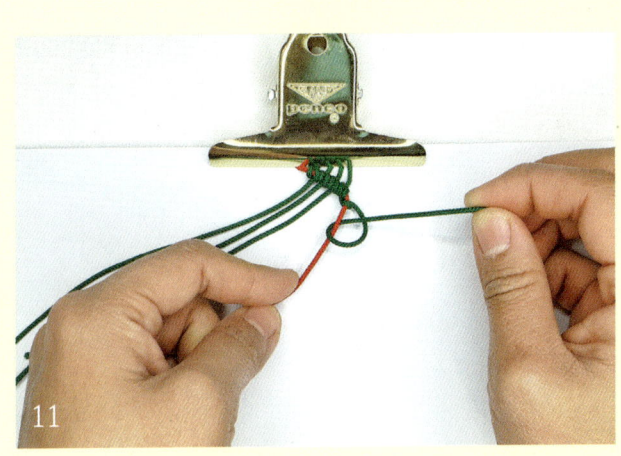

11

자연스럽게 생기는 구멍으로 엮는줄을 빼서 당겨주면 이어 엮기매듭 하나 완성입니다.

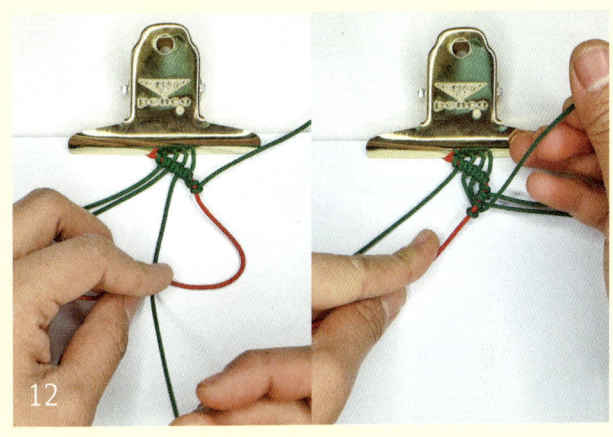

12

엮는줄을 오른쪽에서 왼쪽으로 순서대로 엮으며 충분히 연습해 줍니다.

물결무늬 발찌

바람에 일렁이는 물결을 닮은 물결무늬 발찌입니다. 물결무늬 발찌는 이어엮기매듭을 연습하기에 좋은 발찌입니다. 마크라메의 기본이 되는 이어엮기매듭을 서로 다른 두 개의 방향으로 번갈아가며 엮다 보면 어느새 물결무늬가 만들어집니다. 엮는줄을 배치하는 순서대로 물결이 나오기 때문에 원하는 색을 마음대로 조합할 수도 있고, 비즈를 넣어 만들 수도 있습니다. 한 가지 디자인으로도 색 조합, 재료 조합에 따라 다양한 느낌을 연출할 수 있어 더 매력적인 발찌입니다.

 재료

0.7mm 왁스실 80cm 일곱 가닥(중심줄 한 가닥 | 엮는줄 두 가닥씩 세 가지 색상)

3mm 비즈 여러 알

+ 엮는줄의 개수는 원하는 발찌 두께에 따라 변화를 주면 돼요. 더 두꺼운 발찌를 원하면 엮는줄의 개수를 추가하고, 얇은 발찌를 선호하면 엮는줄의 개수를 줄여 준비하면 돼요.

+ 처음에는 중심줄과 엮는줄의 색깔을 구분해 주면 헷갈리지 않아 발찌를 더 수월하게 만들 수 있어요. 중심줄은 엮는줄에 감싸져 가려지기 때문에 실 색을 다르게 구분해 줘도 결과물은 의도한 색상으로 만들어진답니다.

 도구

고정판
집게
가위
라이터

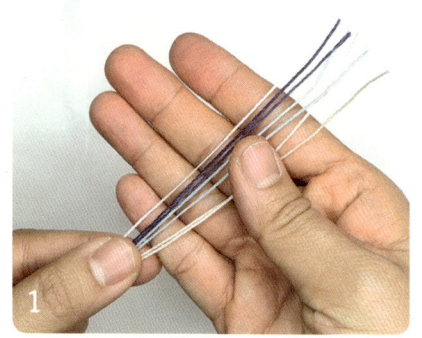 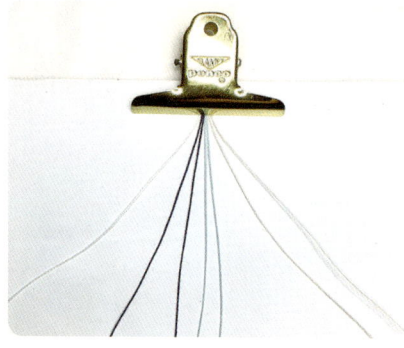 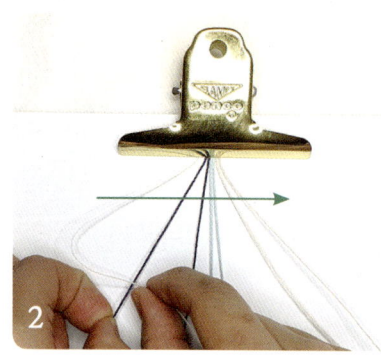

중심줄 1줄과 엮는줄 6줄을 준비합니다. 중심줄이 가장 왼쪽에 오도록 해서 위에서 10cm 가량 내려온 지점을 집게로 집어 준비합니다.

중심줄을 왼쪽에서 오른쪽 방향으로 엮는줄과 순서대로 이어엮기매듭으로 엮어줍니다.

🌸 이어엮기매듭은 78쪽을 참고하여 엮어주세요.

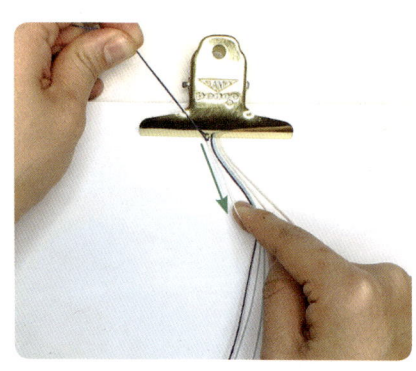  

🌸 이때 중심줄을 먼저 당겨 팽팽하게 한 뒤에 엮는줄을 당겨주어야 매듭이 뒤틀리지 않아요. 중심줄에 엮는줄이 차곡차곡 쌓이듯이 매듭이 지어질 수 있도록 주의해 주세요.

🌸 엮는줄을 당기는 방향은 중심줄과 수평을 이루도록 완전히 반대 방향으로 당겨주세요. 이렇게 각도를 이용하면 많은 힘을 들이지 않고도 단단하게 매듭을 지을 수 있답니다.

[물결 모양을 가파르게 만들 때]　　[물결 모양을 완만하게 만들 때]

🌸 매듭을 엮어 줄 때 중심줄을 팽팽하게 하는 각도에 따라 물결 모양을 완만하게, 혹은 가파르게 만들 수 있어요. 원하는 모양에 따라 매듭을 지어주세요.

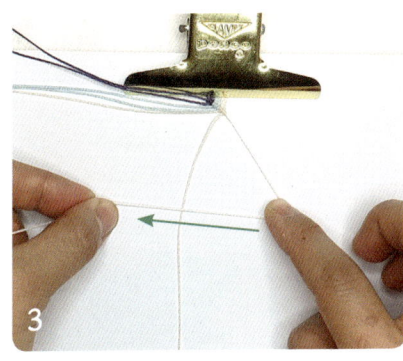 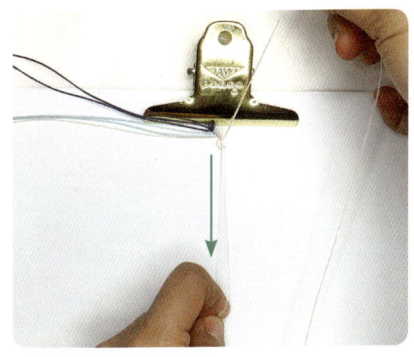

여섯 가닥의 엮는줄을 다 엮었으면 중심줄의 방향을 바꾸어 이어엮기를 이어나갑니다. 이번에는 오른쪽에서 왼쪽 방향으로 엮는줄과 순서대로 엮어줍니다.

⊚ 이때 팔찌의 곡선 부분이 부드럽게 이어지게 하려면 방향을 바꾸고 첫 번째 엮는줄과 매듭지을 때 중심줄의 각도를 아래로 당겨 수직에 가깝게 한 후 매듭지어주세요.

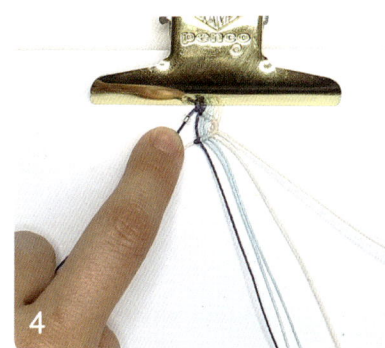 

왼쪽 끝의 마지막 엮는줄과 엮기 전에 비즈 한 알을 엮는줄에 끼워 안쪽에 위치시켜 준 뒤 이어엮기매듭으로 매듭을 지어줍니다.

2~4번의 과정을 반복하며 발찌의 물결무늬 부분이 발목의 반 이상을 덮는 길이가 될 때까지 매듭을 이어나가 줍니다. 무늬 부분의 길이는 취향에 따라 자유롭게 정해주시면 됩니다.

Q&A

Q. 매듭의 모양이 단단하지 않고 헐겁거나 울퉁불퉁하게 지어져요.

A. 이어엮기 매듭법은 총 두 번의 과정이 있어요. 첫 번째 과정을 한 후 곧바로 엮는줄을 중심줄 위에 올려 두 번째 과정을 매듭지으려할 때 처음에 지어 놓은 매듭이 풀릴 수 있어요. 이렇게 되면 매듭이 울퉁불퉁하고 헐겁게 지어지는데요.

저는 첫 번째 과정을 한 후 그 상태에서 새끼손가락에 엮는줄을 걸어 팽팽하게 잡아준 상태로 두 번째 과정을 이어 나갑니다.

이렇게 하면 두 번째 과정을 하는 동안 첫 번째에 지어 놓은 매듭이 헐거워지지 않아 단단하고 깔끔한 매듭을 만들 수 있습니다.

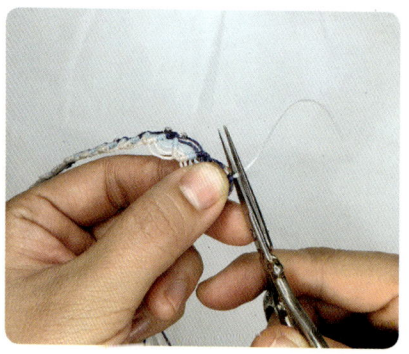
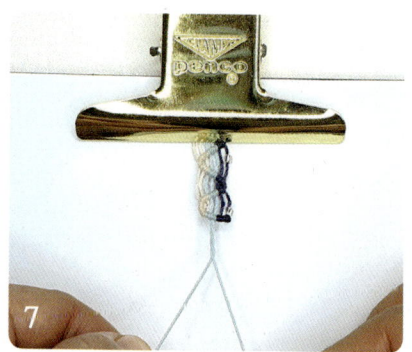

물결 무늬 부분의 매듭을 다 엮었다면 양쪽 가운데 실을 두 가닥씩만 남기고 잘라서 정리해 줍니다.

양쪽에 남긴 두 가닥의 실을 두 줄 꼬기로 매듭지어줍니다.

❋ 두 줄 꼬기 매듭은 32쪽을 참고하여 엮어주세요.

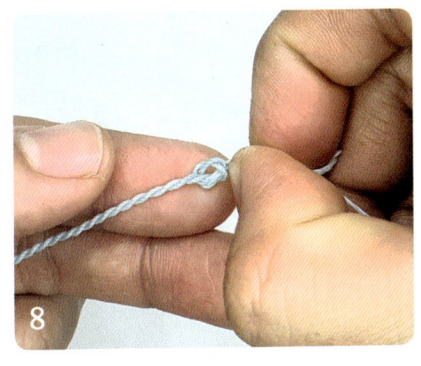 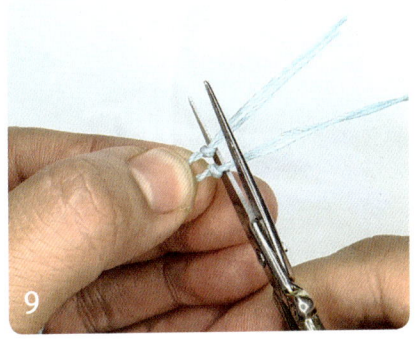

발목을 통과할 수 있는 둘레가 될 때까지 두 줄 꼬기 매듭을 지어준 뒤, 끝을 묶어줍니다. 취향에 따라 끝부분에 비즈를 넣어도 좋습니다.

남은 실을 잘라 마감해 줍니다.

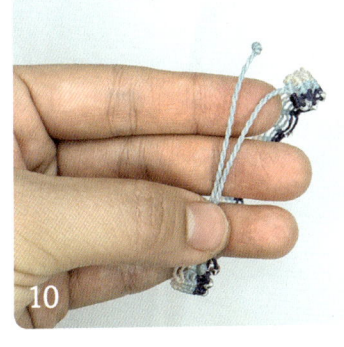 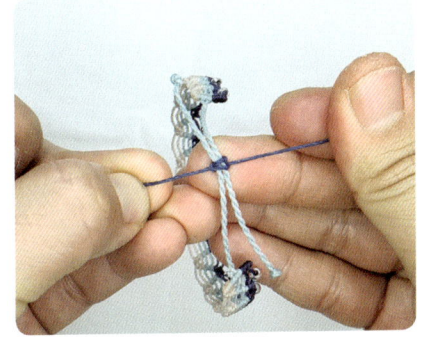

발찌의 양쪽 끝을 같이 잡아준 뒤 마감할 때 남은 10cm 가량의 자투리 실로 평매듭을 지어 길이 조절 매듭을 만들어줍니다.

🌸 평매듭은 58쪽을 참고하여 엮어주세요.

Q&A

Q. 물결의 모양이 일정하지 않아요.

A. 중심줄 각도를 최대한 일정하게 맞춰가며 매듭지으면 일정한 모양의 물결을 만들 수 있어요. 하지만 바다의 물결도 기계로 만든 것처럼 일정하지 않듯 손으로 땋아 내려간 작품의 물결도 일정하지 않아도 충분히 아름다워요. 나중에 매듭에 익숙해져서 습관이 생기면 의도하지 않아도 어느 정도 일정한 모양으로 작품을 만들 수 있어요.

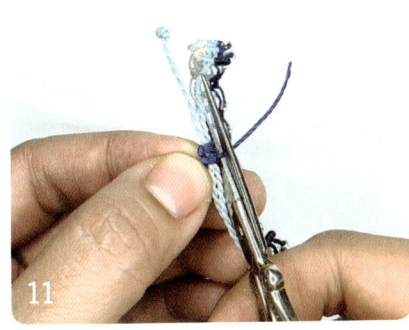 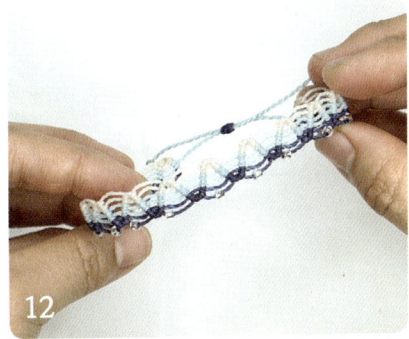

매듭을 짓고 남은 실을 마감해 줍니다.

물결무늬 발찌 완성입니다.

사선 매듭 팔찌

사선 매듭 팔찌는 이어엮기매듭을 연습하기에 좋은 팔찌입니다. 한 가지 매듭을 단순하게 반복하다 보면 촘촘하고 반듯한 매력이 있는 작품을 얻을 수 있어요. 원하는 팔찌의 두께에 따라 실의 가닥수를 조절하면 됩니다.

재료

 0.7mm 왁스실 80cm 여덟 가닥

+ 같은 색상의 실 2줄씩 총 4종류 색상의 실을 준비해 주세요.

도구

고정판
집게
가위
라이터

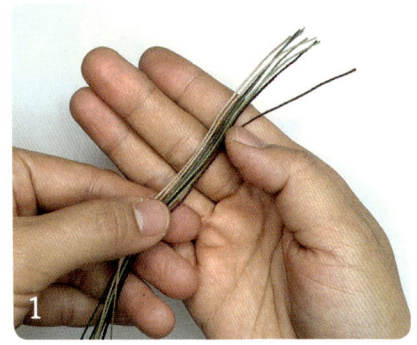 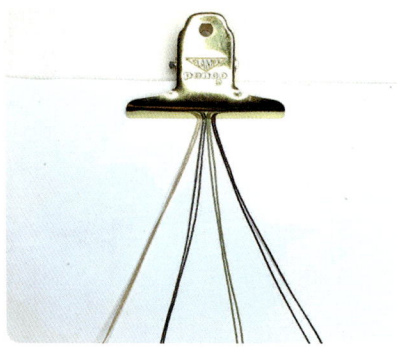

80cm의 실 여덟 가닥을 위에서 10cm 가량 내려온 지점에서 집게로 집어 고정판에 고정합니다. 이때 실의 배치 순서는 원하는 무늬에 따라 다르게 정합니다.

🌀 실을 배치하는 순서가 사선무늬의 순서가 돼요.

 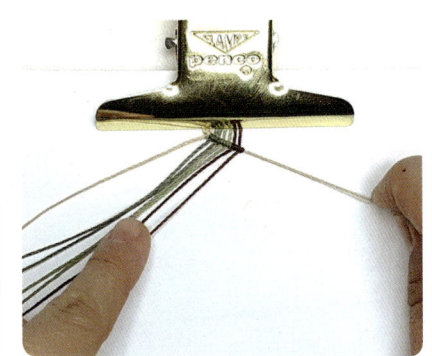

가장 왼쪽 실을 중심줄로 해서 나머지 실들을 왼쪽에서 오른쪽 방향으로 순서대로 이어엮기를 해줍니다.

🌀 이어엮기매듭은 78쪽을 참고하여 엮어주세요.

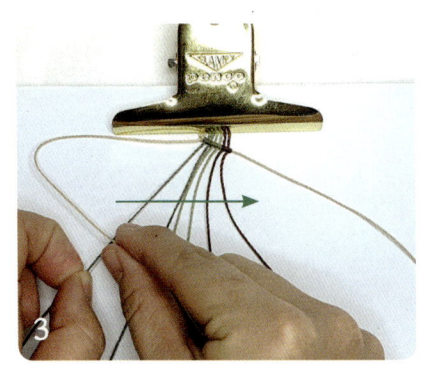 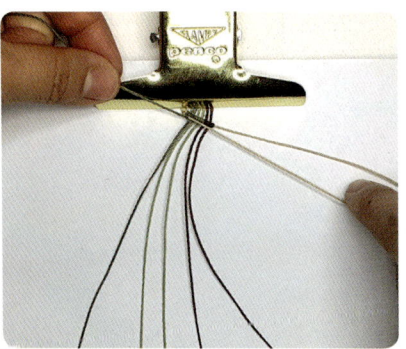 

엮는줄을 모두 엮어줬으면 다시 가장 왼쪽 실을 중심줄로 해서 나머지 실들을 왼쪽에서 오른쪽 방향으로 순서대로 이어엮기매듭으로 엮어줍니다.

🌀 기존의 이어엮기매듭법에서는 중심줄이 고정되어 있었지만, 이번에는 가장 왼쪽에 위치한 실이 중심줄이 돼요. 중심줄이 계속 바뀐다는 것을 인지해주세요.

🌀 매듭을 지어줄 때 주의할 점 : 사선 매듭 팔찌는 칸과 칸 사이의 간격이 벌어지지 않고 촘촘하게 매듭을 만드는 것이 중요해요. 이를 위해 매듭을 지을 때 중심줄을 이전 매듭의 각도와 동일한 방향으로 당겨 매듭지어주세요.

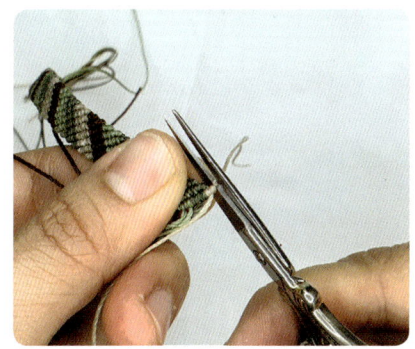

팔목을 절반 이상 감싸는 길이까지 매듭을 지어줍니다.

팔찌의 무늬 부분 매듭을 다 지었으면 양쪽의 실을 먼저 정리해 줍니다. 네 줄 꼬기로 길이 조절 매듭을 만들어 줄 것이기 때문에 가운데 네 줄을 남기고 양쪽에 두 가닥씩 실을 자르고 녹여 정리해 줍니다.

❁ 길이 조절 매듭은 취향에 따라 두 줄 꼬기, 세 줄 꼬기 매듭법으로도 마감할 수 있어요.

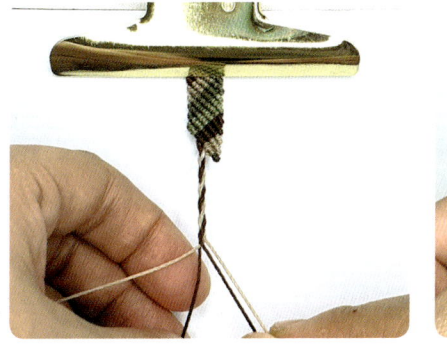

정리하고 남은 네 가닥의 실로 네 줄 꼬기를 해줍니다.

❁ 네 줄 꼬기 매듭은 42쪽을 참고하여 엮어주세요.

손을 충분히 통과할 수 있는 둘레가 될 때까지 네 줄 꼬기로 매듭을 짓고 끝부분을 묶어줍니다.

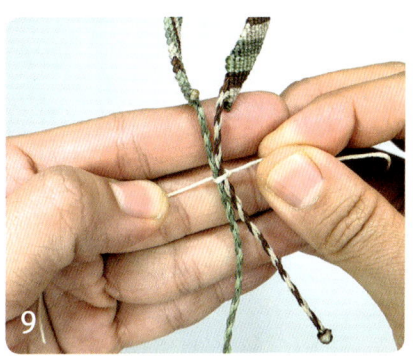

남은 실을 자르고 녹여 마감해 줍니다.

팔찌를 동그란 모양으로 잡아준 뒤 겹쳐진 네 줄 꼬기 매듭 부분에 자투리 실을 이용해 평매듭을 지어줍니다. 3회 이상 평매듭을 지어주어 길이 조절 매듭을 만들어줍니다.

❁ 평매듭은 58쪽을 참고하여 엮어주세요.

평매듭 후에 남은 실을 마감해 줍니다.

사선 매듭 팔찌 완성입니다.

Q&A

Q. 사선 매듭 팔찌가 똑바르지 않고 휘어지면서 만들어져요.

A. 사선 매듭 팔찌는 한 방향으로 계속해서 힘을 주며 만들기 때문에 자연스럽게 휘어져요.

하지만 걱정 마세요. 나중에 손으로 조물조물 만져서 펴주시면 예쁘고 반듯한 모양이 된답니다.

돌려엮기 매듭

서양 매듭 공예의 하나인 돌려엮기 매듭은 여러 가닥의 중심줄을 한 가닥의 실로 계속해서 엮어주는 매듭법입니다. 한 가닥의 실로 중심줄을 엮어주다 보면 매듭의 끝부분이 돌아가면서 회오리 모양의 매듭이 완성됩니다.

나무비즈 돌돌이 발찌

나무비즈를 넣어 엮어내는 돌돌이 발찌입니다. 돌려엮기 매듭은 심플한 여름 팔찌와 발찌에 많이 사용되는 매듭인데요. 엮는줄을 중간에 바꿔가면서 여러 색상이 들어간 발찌도 만들 수 있답니다.

 재료

0.7mm 왁스실 40cm 두 가닥
0.7mm 왁스실 60cm 두 가닥
8mm 나무비즈 1개
3mm 나무비즈 2개

 도구

고정판
집게
가위
라이터

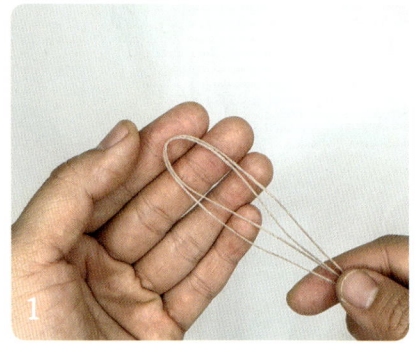

40cm 실 두 가닥의 중앙 부분을 집게로 집어 고정판에 고정해 줍니다.

8mm의 나무비즈에 실 두 가닥을 통과시켜 끼운 뒤 실의 중앙에 비즈가 위치하도록 해줍니다.

비즈를 기준으로 양쪽의 실을 묶어주어 나무비즈가 가운데에 고정되도록 해줍니다.

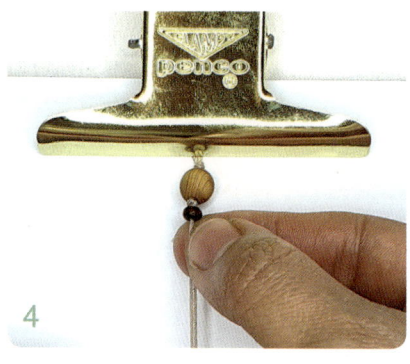

3mm의 나무비즈를 실 두 가닥에 끼워 8mm 나무비즈의 양쪽에 비즈를 추가해 줍니다.

나무비즈를 끼운 실 왼쪽에 60cm의 실 끝을 집게로 집어 준비합니다.

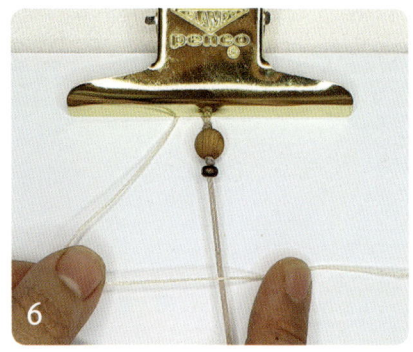

추가한 60cm의 실을 엮는줄, 비즈가 끼워진 두 가닥의 실을 중심줄로 해서 매듭을 지어주겠습니다. 엮는줄을 중심줄 두 가닥 위에 올려줍니다.

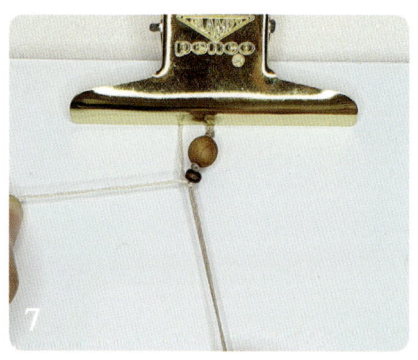

엮는줄의 끝을 왼쪽에 생긴 구멍으로 빼서 당겨줍니다. 이때 중심줄을 엮는줄이 한 번 감싸며 매듭이 지어집니다.

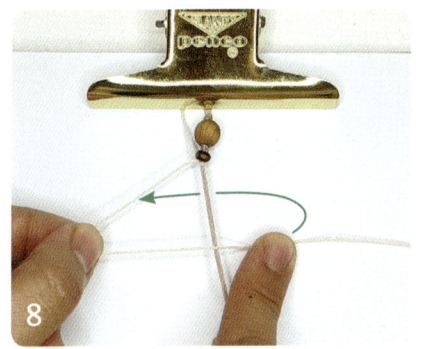 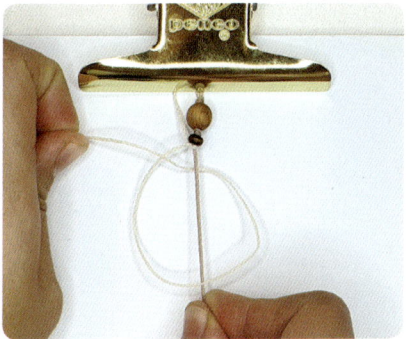

6~7번 과정을 반복하며 매듭을 이어나갑니다.

돌려엮기 매듭 또한 평돌기 매듭과 마찬가지로 매듭이 한쪽 방향으로 돌아갈 수 있기 때문에 매듭을 주기적으로 돌려서 집어가며 매듭지어줍니다.

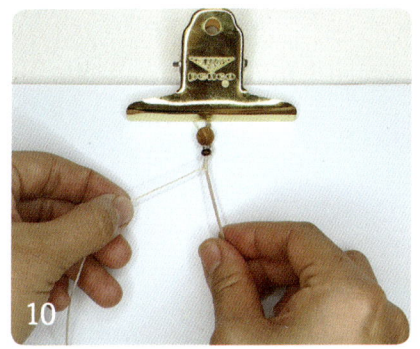 

발찌의 돌돌이 무늬 부분이 발목의 1/4 이상을 덮는 길이가 될 때까지 매듭을 이어나간 뒤, 나무비즈를 기준으로 반대쪽으로도 뒤집어서 같은 방법으로 돌려엮기 매듭을 지어줍니다. 무늬 부분의 길이는 취향에 따라 자유롭게 정해주시면 됩니다.

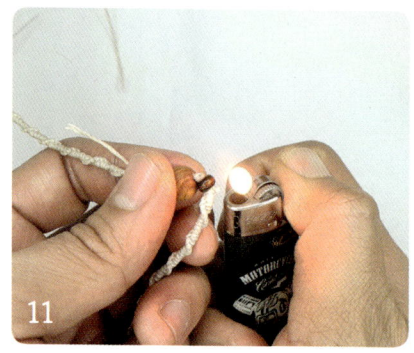
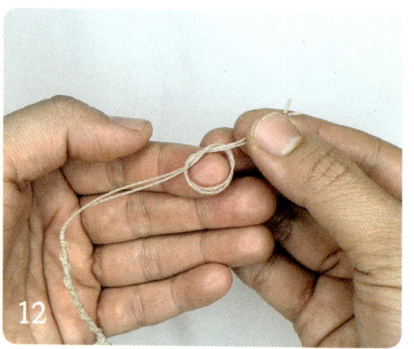

돌돌이 무늬 부분을 다 매듭지었으면 엮는줄의 시작과 끝부분을 자른 뒤 녹여 정리합니다.

◎ '깔끔하고 풀리지 않게 작품 마감하기' 20쪽을 참고해 주세요.

양쪽에 남긴 두 가닥의 실을 발목을 통과할 수 있는 둘레가 되는 길이까지 잡아준 뒤 끝을 묶어줍니다.

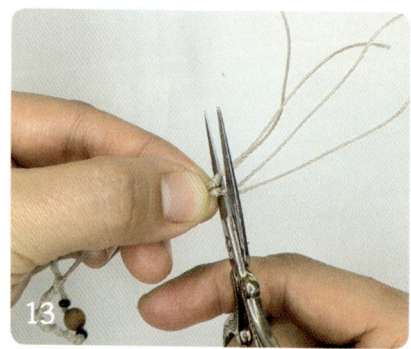
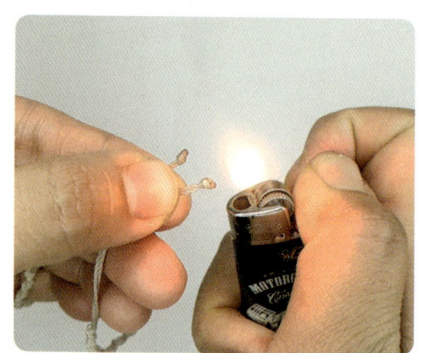

남은 실을 잘라 마감해 줍니다.

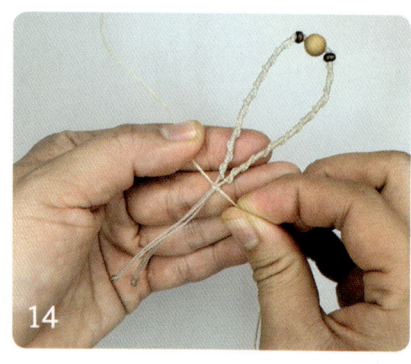

발찌의 양쪽 끝을 같이 잡아준 뒤 마감할 때 남은 10cm 가량의 자투리 실로 평매듭을 지어 길이 조절 매듭을 만들어줍니다.

◎ 평매듭은 58쪽을 참고하여 엮어주세요.

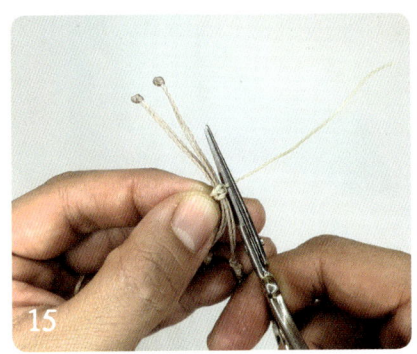 

평매듭을 짓고 남은 실을 마감해 줍니다.

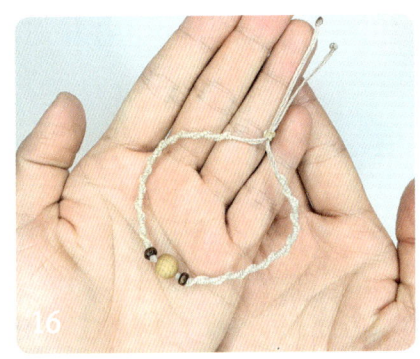 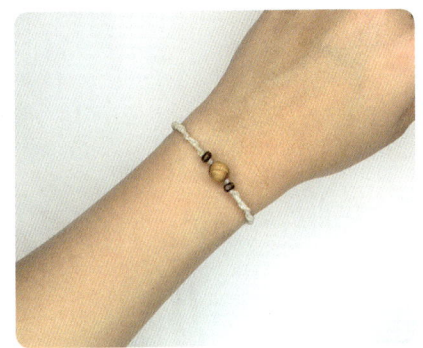

나무비즈 돌돌이 발찌 완성입니다.

DIY · MACRAMÉ
3장

응용하여 엮는
마크라메
액세서리

이어엮기매듭 응용

이번 3장에서는 이어엮기매듭을 응용해서 다양한 작품을 만들어보겠습니다. 이어엮기매듭은 한 가지 매듭법으로 다양한 응용이 가능하지만, 처음에는 방향이 바뀌면 헷갈리기 쉬운 매듭법입니다. 따라서 3장에서 여러 가지 응용 작품을 만들기에 앞서 방향별로 이어엮기매듭을 배우고 연습하는 시간을 가져보겠습니다.

[가로엮기]

- 왼쪽 → 오른쪽

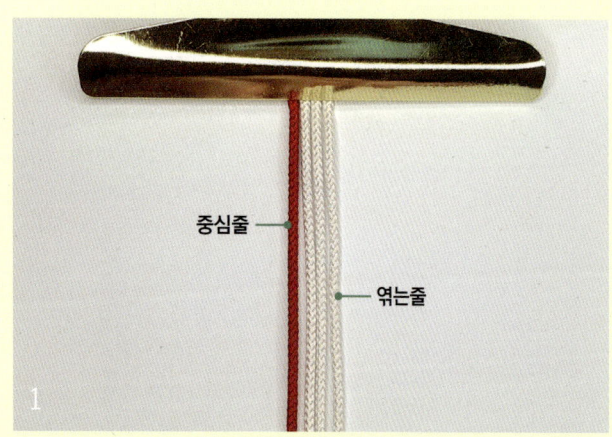

1. 중심줄을 가장 왼쪽에 위치시켜 엮는줄들과 함께 집게로 고정해 줍니다.

2. 중심줄을 엮는줄 위에 올려서 시작합니다.

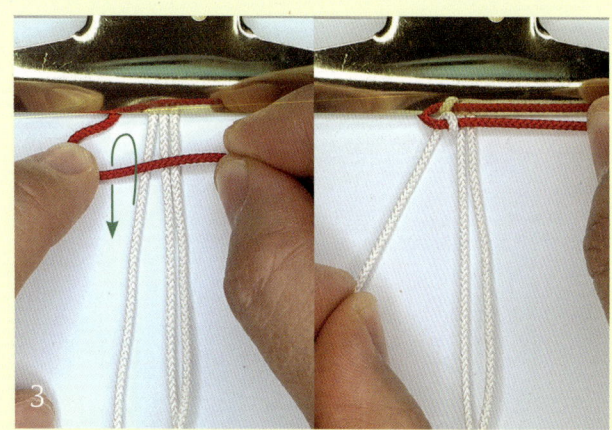

3. 자연스럽게 생긴 구멍으로 엮는줄을 빼서 당겨줍니다. 이때 엮는줄이 중심줄을 감싸며 첫 번째 매듭이 지어집니다.

> **TIP** 실을 당겨줄 때 중심줄은 수평으로 당겨준 뒤 엮는줄을 매듭을 짓고 있는 방향의 반대 방향(왼쪽←오른쪽)으로 당겨주세요.

방금 엮은 엮는줄을 중심줄 위에 올려줍니다.

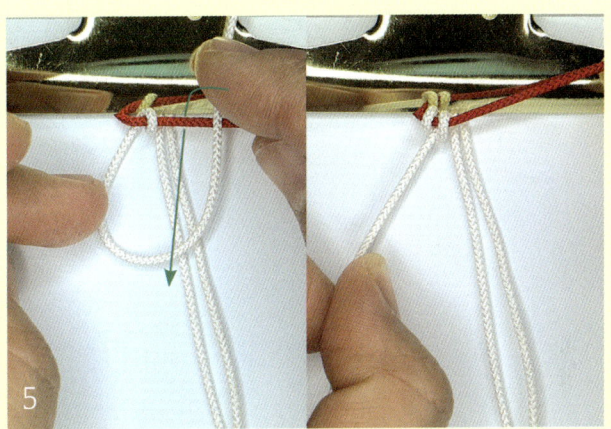

자연스럽게 생긴 구멍으로 엮는줄을 빼서 당겨줍니다. 엮는 줄이 중심줄을 감싸며 두 번째 매듭이 지어집니다.

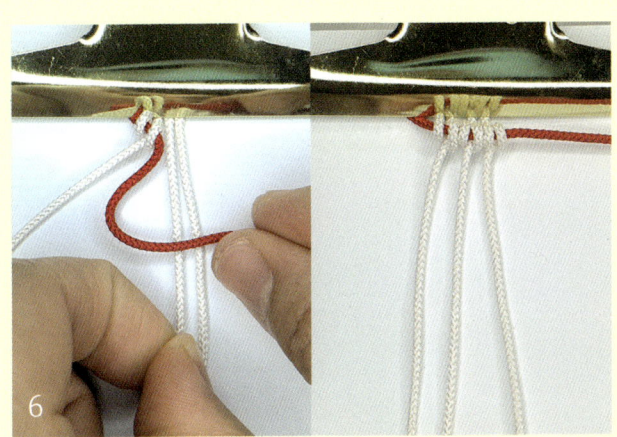

2~5번 과정을 참고해 왼쪽 → 오른쪽 방향으로 순서대로 매듭지어줍니다.

- 왼쪽 ← 오른쪽

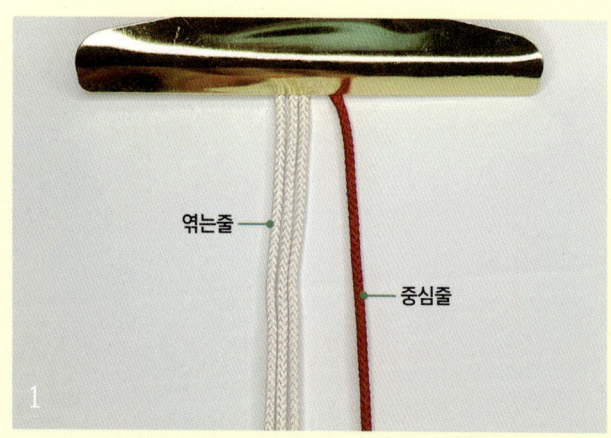

중심줄을 가장 오른쪽에 위치시켜 엮는줄들과 함께 집게로 고정해 줍니다.

중심줄을 엮는줄 위에 올려서 시작합니다.

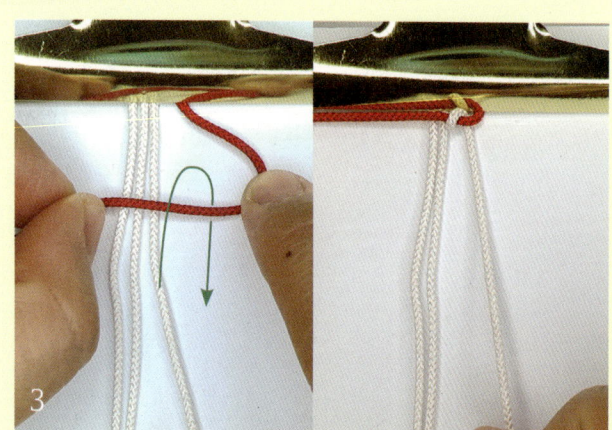

자연스럽게 생긴 구멍으로 엮는줄을 빼서 당겨줍니다. 이때 엮는줄이 중심줄을 감싸며 매듭이 한 번 지어집니다.

TIP 실을 당겨줄 때 중심줄은 수평으로 당겨준 뒤 엮는줄을 매듭을 짓고 있는 방향의 반대 방향(왼쪽→오른쪽)으로 당겨줍니다.

방금 엮은 엮는줄을 중심줄 위에 올려줍니다.

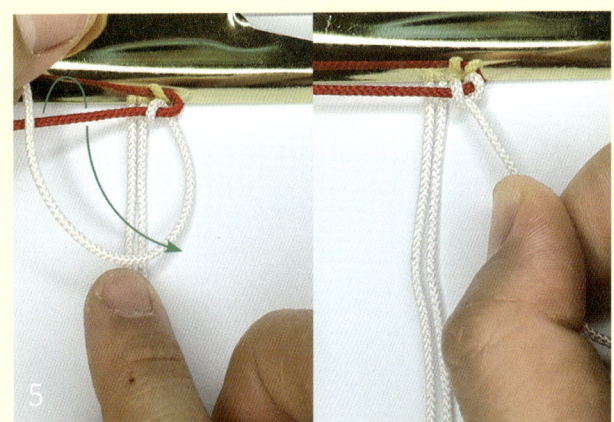

자연스럽게 생긴 구멍으로 엮는줄을 빼서 당겨줍니다. 엮는줄이 중심줄을 감싸며 매듭이 한 번 지어집니다.

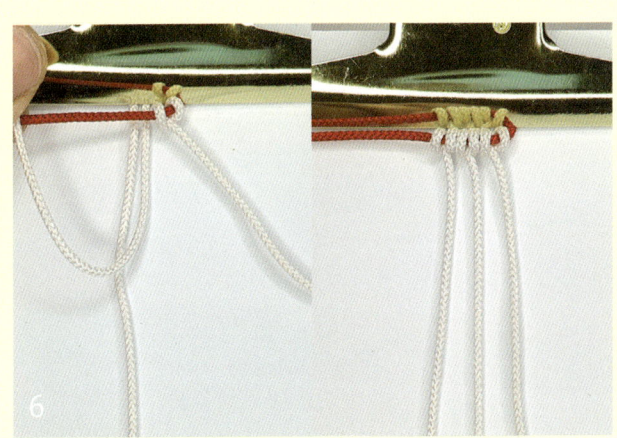

2~5번 과정을 참고해 왼쪽 ← 오른쪽 방향으로 순서대로 매듭지어줍니다.

[세로엮기]

- 왼쪽 → 오른쪽

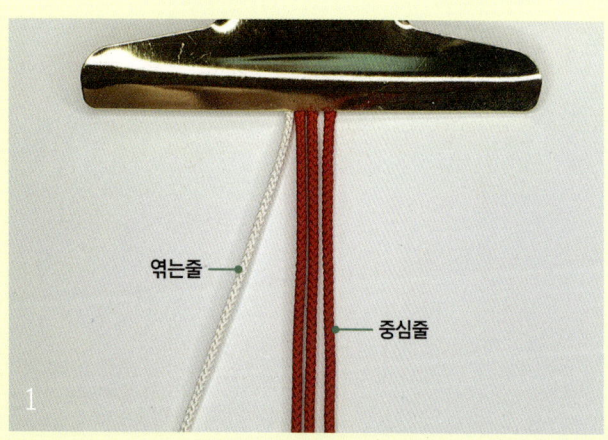

1. 엮는줄 한 가닥을 여러 가닥의 중심줄 왼쪽에 위치시켜 집게로 고정해 줍니다.

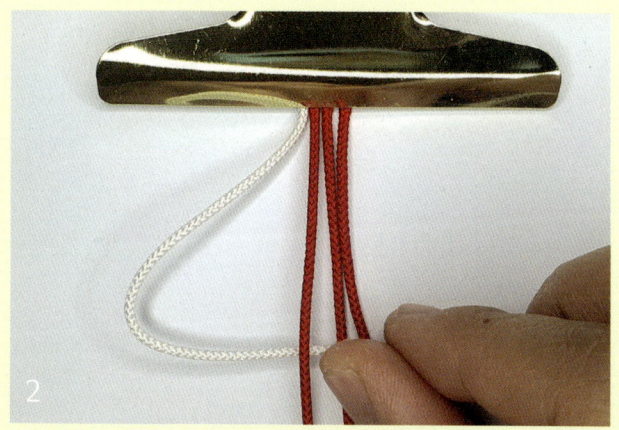

2. 첫 번째 중심줄을 엮는줄 위에 올려서 시작합니다.

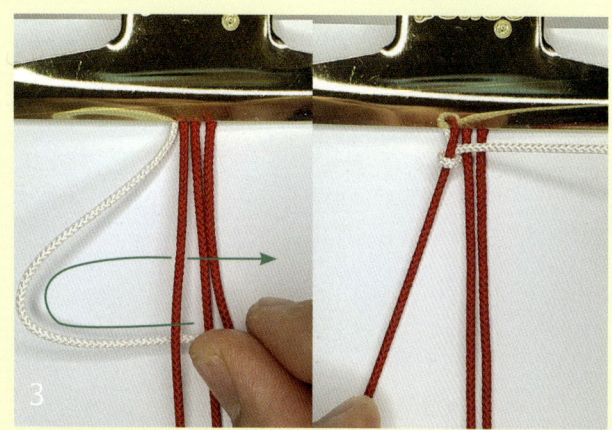

3. 자연스럽게 생긴 구멍으로 엮는줄을 빼서 당겨줍니다. 이때 엮는줄이 중심줄을 감싸며 매듭이 한 번 지어집니다.

TIP 실을 당겨줄 때 중심줄은 수직으로 당겨준 뒤 엮는줄을 매듭을 짓고 있는 방향의 반대 방향(왼쪽←오른쪽)으로 당겨줍니다.

엮는줄을 중심줄 위에 올려줍니다.

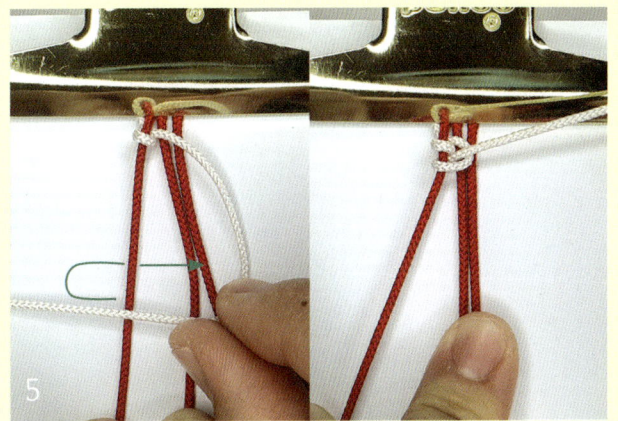

자연스럽게 생긴 구멍으로 엮는줄을 빼서 당겨줍니다. 엮는 줄이 중심줄을 감싸며 매듭이 한 번 지어집니다.

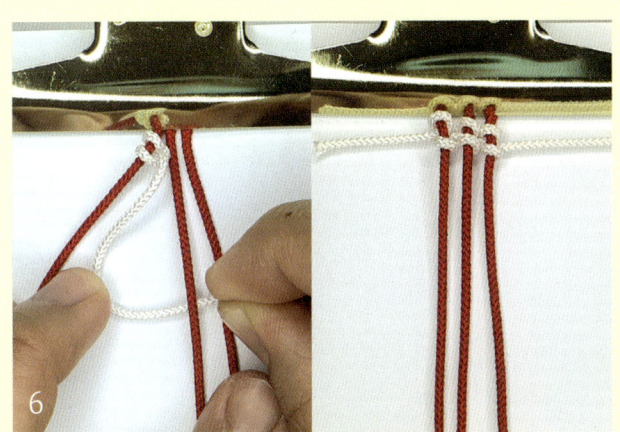

2~5번 과정을 참고해 왼쪽 → 오른쪽 방향으로 순서대로 매듭지어줍니다.

• 왼쪽 ← 오른쪽

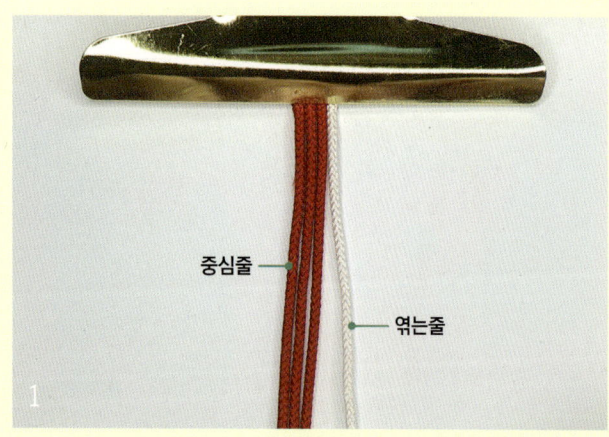

엮는줄 한 가닥을 여러 가닥의 중심줄 오른쪽에 위치시켜 집게로 고정해 줍니다.

첫 번째 중심줄을 엮는줄 위에 올려서 시작합니다.

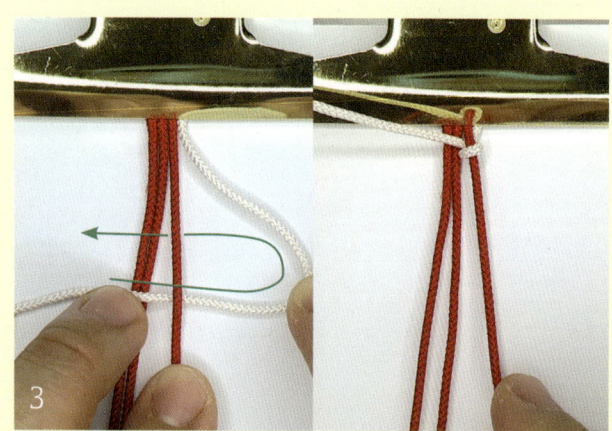

자연스럽게 생긴 구멍으로 엮는줄을 빼서 당겨줍니다. 이때 엮는줄이 중심줄을 감싸며 매듭이 한 번 지어집니다

TIP 실을 당겨줄 때 중심줄은 수직으로 당겨준 뒤 엮는줄을 매듭을 짓고 있는 방향의 반대 방향(왼쪽→오른쪽)으로 당겨줍니다.

엮는줄을 중심줄 위에 올려줍니다.

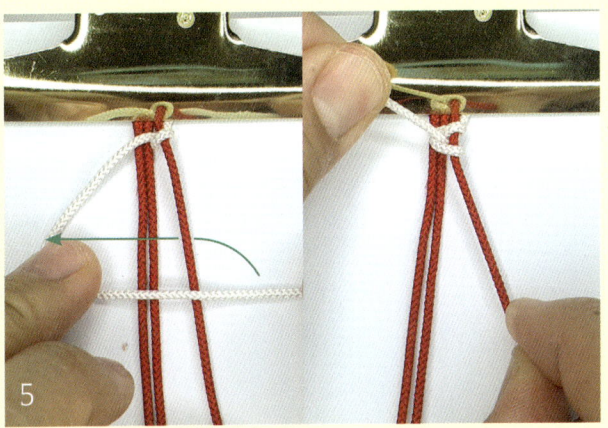

자연스럽게 생긴 구멍으로 엮는줄을 빼서 당겨줍니다. 엮는 줄이 중심줄을 감싸며 매듭이 한 번 지어집니다.

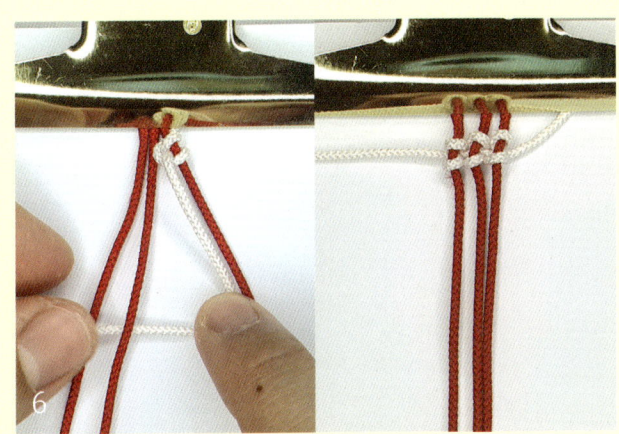

2~5번 과정을 참고해 왼쪽 ← 오른쪽 방향으로 순서대로 매듭지어줍니다.

구슬원석 브이매듭 팔찌

구슬원석을 실로 감싸준 뒤 양쪽으로 브이자 매듭을 촘촘하게 지어 완성하는 팔찌입니다. 시계를 연상시키는 깔끔한 디자인이 매력적인 작품이랍니다.

 재료

0.7mm 왁스실 80cm 여덟 가닥
8mm 구슬원석 한 알

 도구

고정판
집게
가위
라이터

구슬원석을 매듭으로 감싸 작품 시작하기

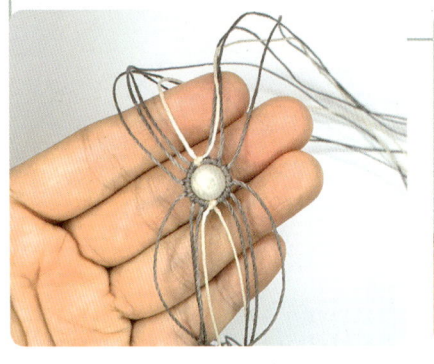 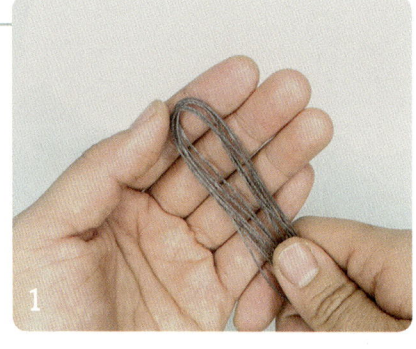 

구슬원석을 16가닥의 실들로 감싸 깔끔하게 팔찌 중앙부를 만들 수 있는 방법을 소개합니다.

여덟 가닥의 긴 실을 반으로 접어 준비합니다. 그중 네 가닥의 실을 중간보다 2cm 가량 윗부분을 집게로 집어줍니다.

⑤ 쉬운 설명을 위해 구슬원석의 둘레를 감싸는 중심줄을 아이보리 색상으로 구분했어요.

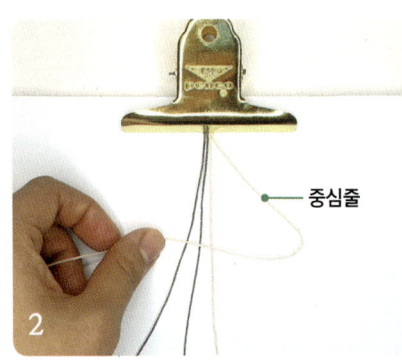 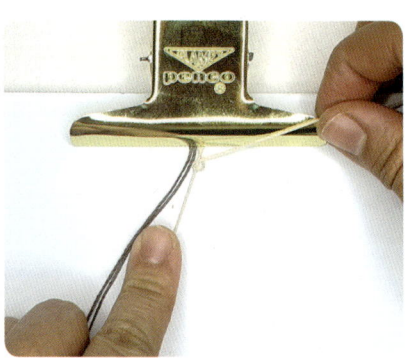 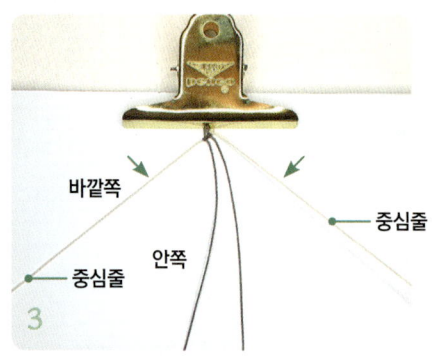

가장 오른쪽 줄을 중심줄로, 왼쪽의 3가닥을 엮는줄로 해서 오른쪽에서 왼쪽으로 순서대로 이어엮기매듭으로 엮습니다.

양쪽 끝의 실들은 각각 구슬원석의 둘레를 감싸는 중심줄입니다. 이 중심줄에 1번에서 남겨뒀던 80cm 실 네 가닥을 추가해 줍니다.

실을 추가하는 방법

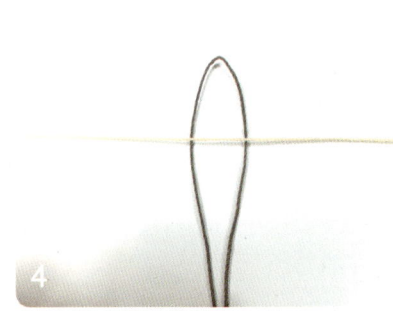 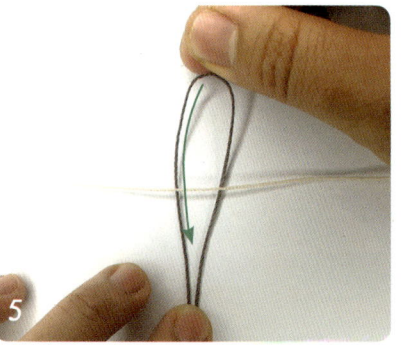 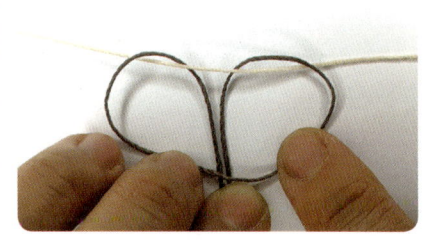

추가할 실을 반으로 접은 후, 실을 추가해 줄 중심줄 아래로 반으로 접힌 부분을 위치시켜 줍니다.

반으로 접은 실을 아래로 접어줍니다.

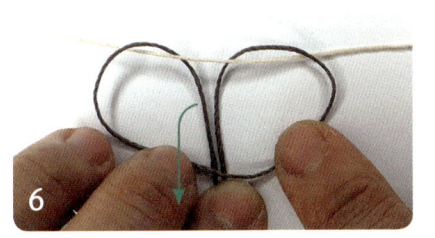 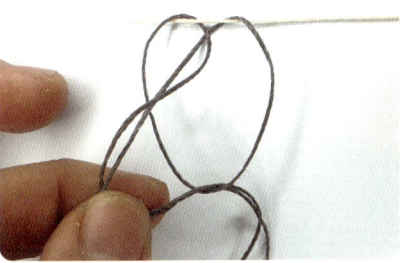

실의 끝부분을 손으로 잡아당겨 구멍으로 빼줍니다.

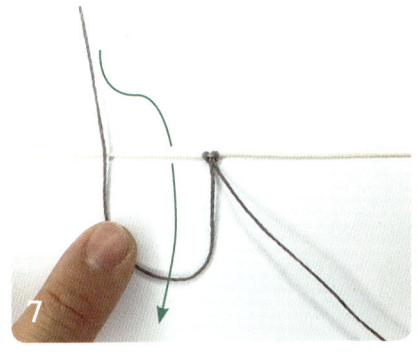 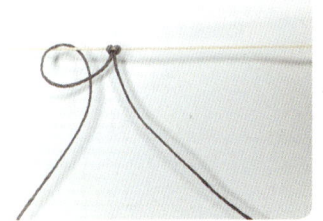

왼쪽 실의 끝을 중심줄 위에 올린 뒤 자연스럽게 생긴 구멍으로 실을 당겨 매듭지어 줍니다. 왼쪽 실이 중심줄을 한 번 감아 매듭이 지어집니다.

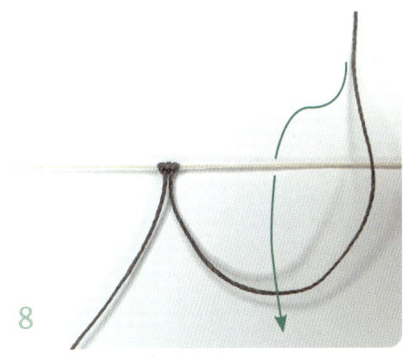 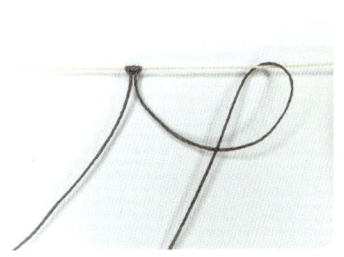

오른쪽도 7번 과정과 같은 방법으로 매듭지어줍니다.

⑤ 추가한 실의 끝이 원석을 두르는 원의 바깥쪽 방향으로 나오도록 해주세요.

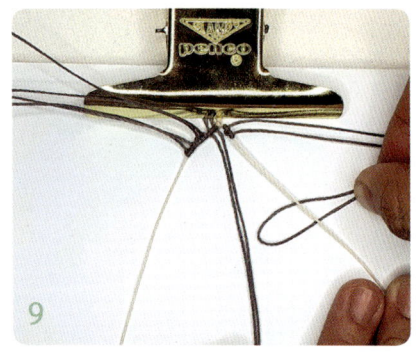 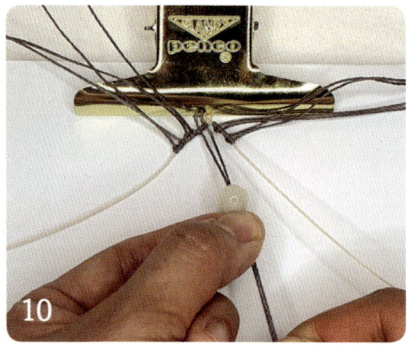

양쪽의 중심줄에 각각 두 가닥씩 실을 추가해 줍니다. 추가한 실은 다른 매듭 옆에 차곡차곡 쌓일 수 있도록 위쪽으로 올려 위치시켜 주세요.

가운데 안쪽으로 향해 있는 두 가닥의 엮는줄에 같은 방향으로 구슬원석을 끼워 통과시켜줍니다.

⑤ '비즈 끼우기' 18쪽을 참고해 주세요.

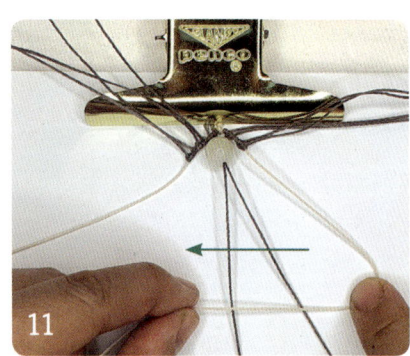 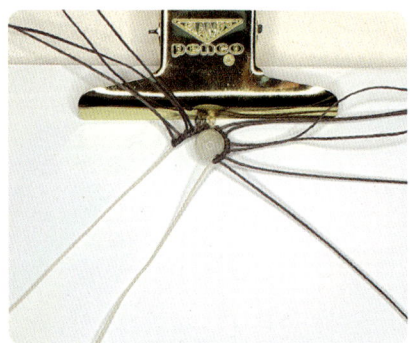 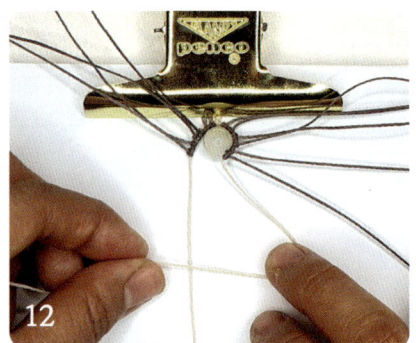

오른쪽 중심줄을 구슬원석을 통과하고 나온 두 가닥의 엮는줄과 이어엮기매듭으로 엮어줍니다.

마지막으로 중심줄끼리 매듭지어줍니다.

Q&A

Q. 똑같은 원석 크기와 두께의 실을 사용해서 같은 방법으로 매듭지었는데 저는 원석 둘레를 채우는 매듭이 모자라요.

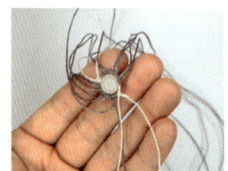 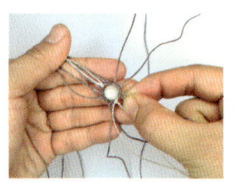 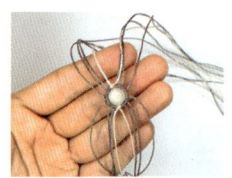

A. 매듭을 지을 때 힘을 많이 줘서 타이트하게 지은 경우 매듭이 차지하는 공간이 적어 둘레를 다 채우지 못할 수 있어요. 그럴 때는 매듭을 살살 움직여가며 힘을 풀어주세요. 자연스럽게 원석의 둘레를 감쌀 정도가 될 거예요.

브이자 매듭

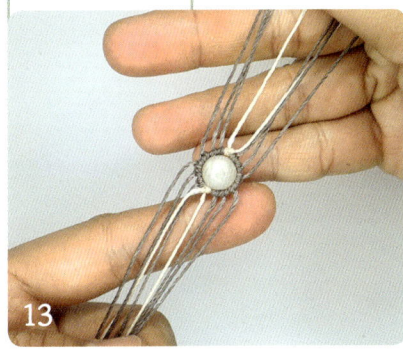

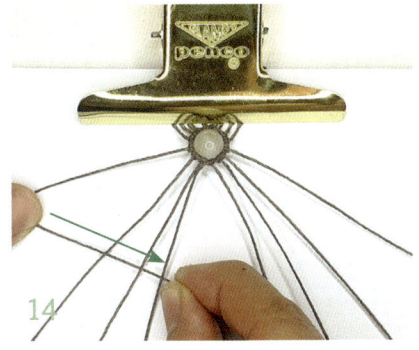

구슬원석을 둘러싼 실 16가닥을 8가닥씩 나눠줍니다. 이때 원석의 둘레를 감싸는 중심줄 두 가닥을 가운데에 두고 8가닥이 되도록 실을 나누는 것이 좋습니다.

브이자 모양으로 매듭을 지어보겠습니다. 가장 왼쪽의 실을 중심줄로 하여 바깥쪽에서 안쪽 방향으로 순서대로 엮는줄 세 가닥과 이어엮기매듭으로 매듭지어줍니다.

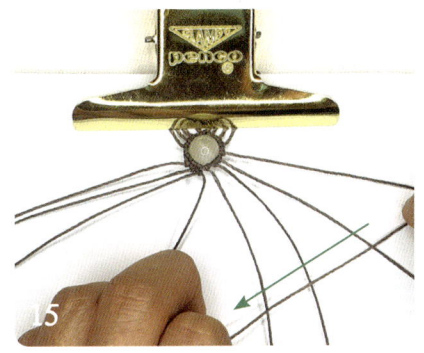

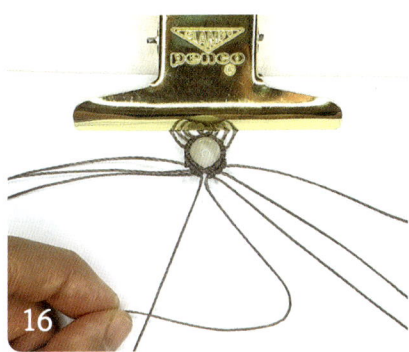

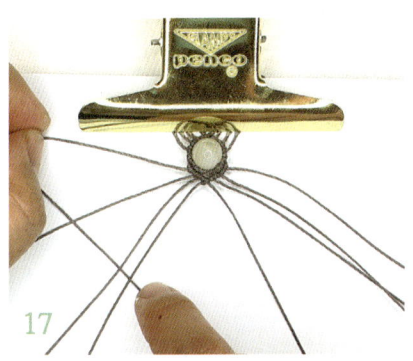

이번에는 가장 오른쪽 실을 중심줄로 바깥쪽에서 안쪽 방향(오른쪽에서 왼쪽 방향)으로 순서대로 엮는줄 세 가닥과 이어엮기매듭으로 매듭지어줍니다.

마지막으로 중앙에서 만난 중심줄끼리 이어엮기매듭으로 매듭지어줍니다.

✽ 임의로 두 가닥 중 한 가닥을 엮는줄, 다른 한 가닥을 중심줄로 정해서 매듭지어주시면 돼요.

14~16번 과정을 반복하며 매듭을 이어나가 줍니다.

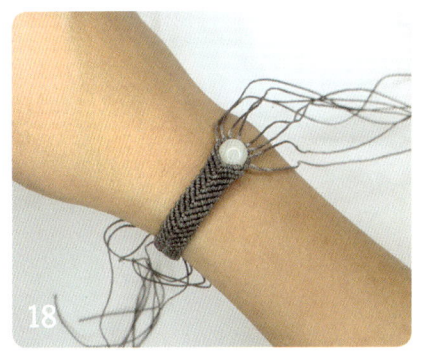

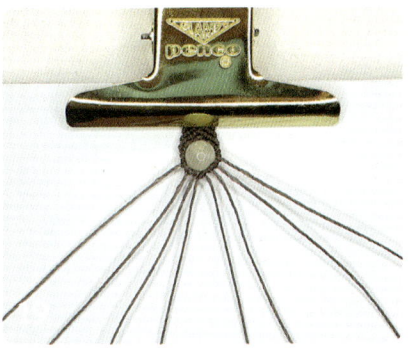

팔찌를 팔목에 대어보았을 때 브이자로 매듭지은 부분이 팔목의 1/4 이상을 덮는 길이가 될 때까지 매듭을 지어줍니다.

구슬원석을 기준으로 반대쪽 방향으로 뒤집어서 브이자 매듭을 지어줍니다.

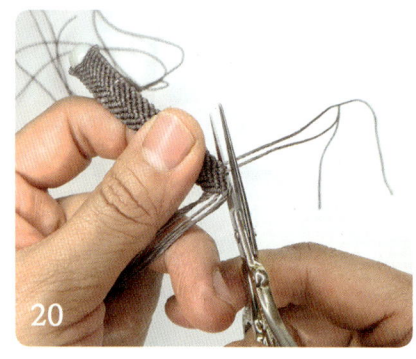

팔찌가 손목의 반 이상을 덮는 길이가 되면 필요 없는 실을 정리해 줍니다. 네 줄 꼬기로 마감을 하기 위해 양쪽의 가운데 네 가닥을 제외하고 다른 실은 자르고 녹여 마감해 줍니다.

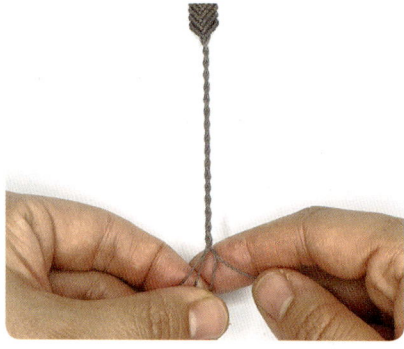

남겨둔 네 가닥의 실로 네 줄 꼬기 매듭을 지어줍니다.
◎ 네 줄 꼬기 매듭은 42쪽을 참고하여 엮어주세요.

손을 충분히 통과할 수 있는 둘레가 될 때까지 네 줄 꼬기로 매듭을 짓고 끝부분을 묶어줍니다.

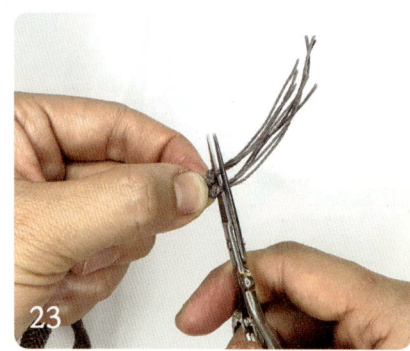
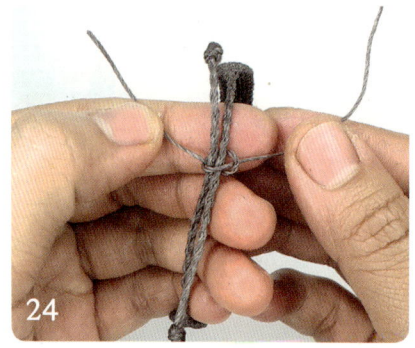

남은 실을 자르고 녹여 마감해 줍니다.

팔찌를 동그란 모양으로 잡아준 뒤 겹쳐진 네 줄 꼬기 매듭 부분에 자투리 실을 이용해 평매듭을 지어줍니다. 3회 이상 평매듭을 지어주어 길이 조절 매듭을 만들어줍니다.
◎ 평매듭은 58쪽을 참고하여 엮어주세요.

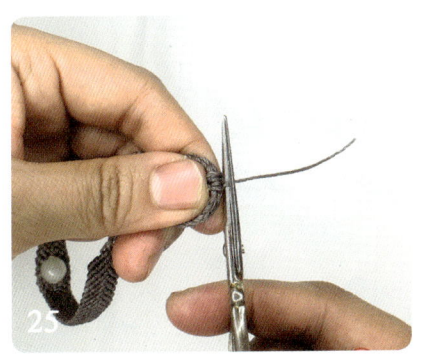 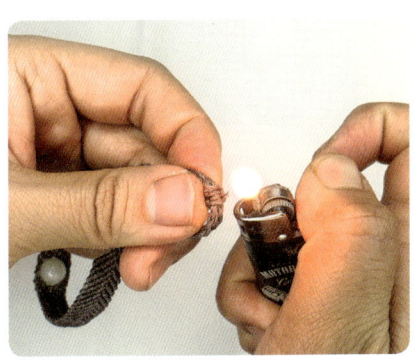

평매듭 후에 남은 실을 마감해 줍니다.

구슬원석 브이매듭 팔찌 완성입니다.

8자매듭 팔찌

8자매듭을 사용해 만드는 가장 기본적인 8자매듭 팔찌입니다. 8자매듭은 마크라메에서 다양하게 응용될 뿐만 아니라 매듭의 모양 자체만으로도 충분히 아름다워 많은 사람들의 사랑을 받는 매듭법 중에 하나입니다.

 재료

0.7mm 왁스실 60cm 여섯 가닥

+ 처음에는 매듭법이 헷갈리지 않도록 중심줄 두 가닥을 다른 색으로 구분해서 만들어보도록 할게요.

 도구

고정판
집게
가위
라이터

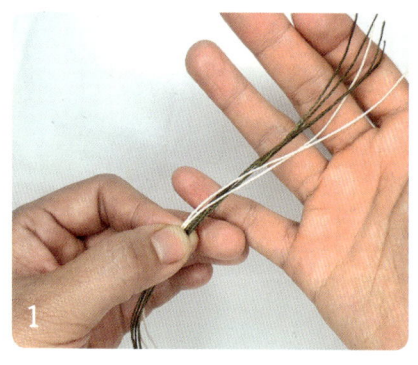 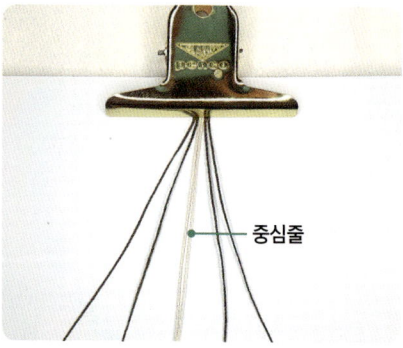

중심줄

60cm의 실 여섯 가닥을 위에서 10cm 가량 내려온 지점에서 집게로 집어 고정판에 고정합니다. 이때 중심줄 두 가닥이 중앙에 위치하도록 해줍니다.

8자매듭

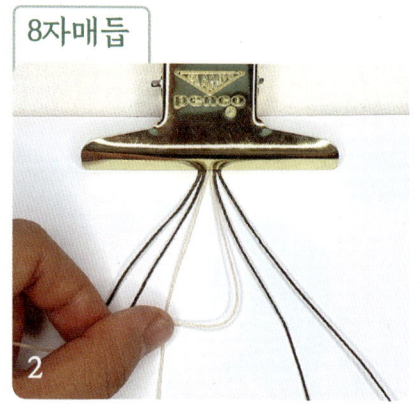 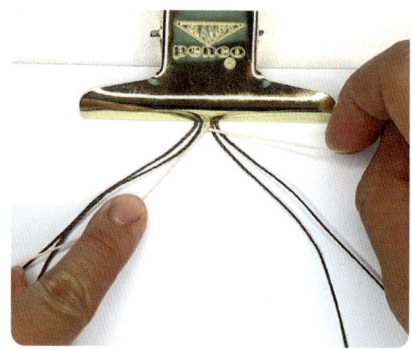

중심줄 두 가닥을 이어엮기매듭으로 매듭지어줍니다.

❂ 임의로 두 가닥 중 한 가닥을 엮는줄, 다른 한 가닥을 중심줄로 정해서 매듭지어주시면 돼요.

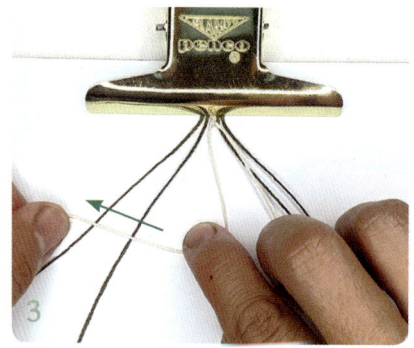 

왼쪽의 중심줄을 안에서 바깥 방향(오른쪽에서 왼쪽 방향)으로 엮는줄과 순서대로 엮어줍니다.

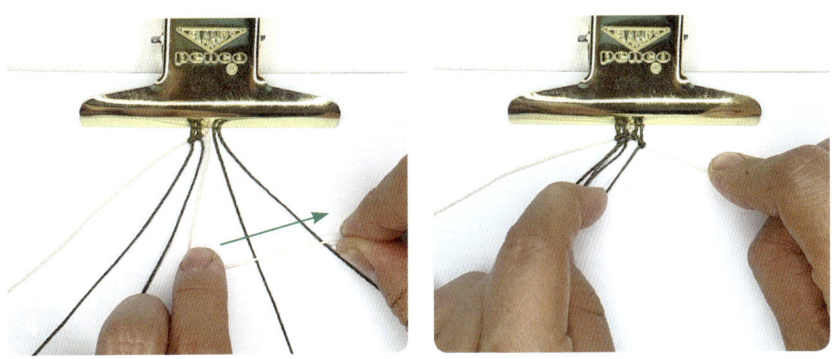

오른쪽의 중심줄을 안에서 바깥 방향(왼쪽에서 오른쪽 방향)으로 엮는줄과 순서대로 엮어줍니다.

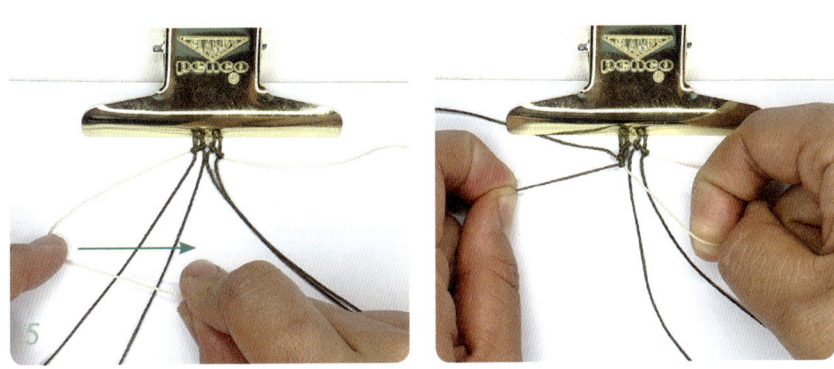

이번에는 왼쪽 맨 끝의 중심줄을 바깥에서 안쪽 방향(왼쪽에서 오른쪽 방향)으로 엮는줄과 순서대로 엮어줍니다.

오른쪽 맨 끝의 중심줄도 바깥에서 안쪽 방향(오른쪽에서 왼쪽 방향)으로 엮는줄과 순서대로 엮어줍니다.

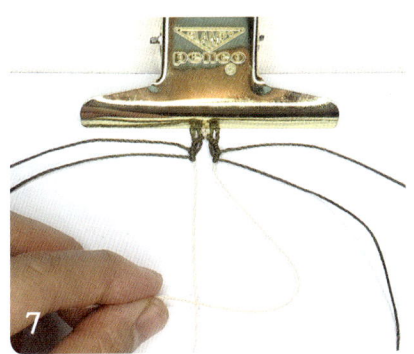

마지막으로 중심줄 두 가닥을 이어엮기 매듭으로 매듭지어줍니다.

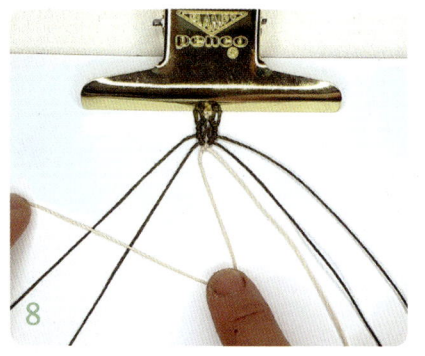
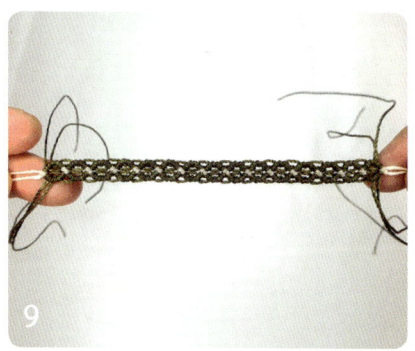

2~7번 과정을 반복하며 매듭을 이어나 갑니다.

팔찌가 손목의 반 이상을 덮는 길이가 되면 필요 없는 실을 정리해 줍니다. 두 줄 꼬기로 마감을 하기 위해 양쪽 중심줄 두 가닥을 제외하고 다른 실은 자르고 녹여 마감해 줍니다.

남겨둔 두 가닥의 실로 두 줄 꼬기 매듭을 지어줍니다.
◎ 두 줄 꼬기 매듭은 32쪽을 참고하여 엮어주세요.

손을 충분히 통과할 수 있는 둘레가 될 때까지 두 줄 꼬기로 매듭을 짓고 끝부분을 묶어줍니다.

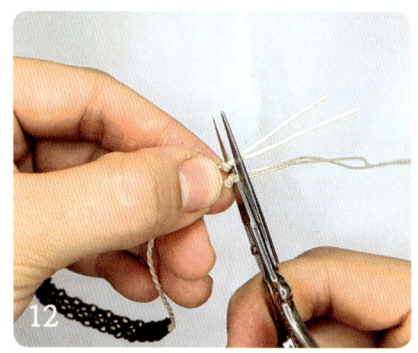

남은 실을 자르고 녹여 마감해 줍니다.

 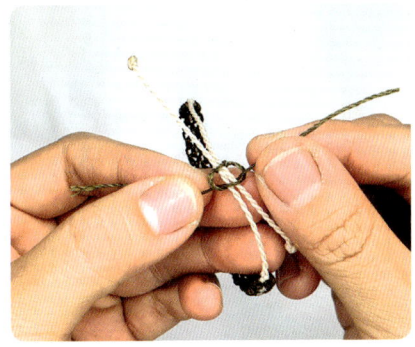

팔찌를 동그란 모양으로 잡아준 뒤 겹쳐진 두 줄 꼬기 매듭 부분에 자투리 실을 이용해 평매듭을 지어줍니다. 3회 이상 평매듭을 지어주어 길이 조절 매듭을 만들어줍니다.

⊙ 평매듭은 58쪽을 참고하여 엮어주세요.

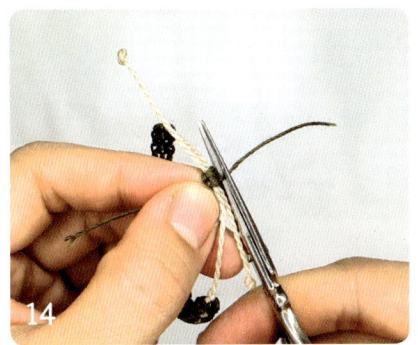  

평매듭 후에 남은 실을 마감해 줍니다.

8자매듭 팔찌 완성입니다.

> ### Q&A
>
> Q. 8자매듭 모양이 사진 속 모양과 달라요. 저는 동그랗지 않고 옆쪽 실도 볼록하게 튀어나와요.
>
> A. 럭비공 모양으로 매듭이 지어지는 게 더 자연스러운 것이랍니다. 저는 실을 팽팽하게 당겨가며 매듭짓는 편이라서 동그란 모양으로 주로 만들어지는 거예요. 저처럼 매듭을 동그랗게 짓고 싶으시다면 매듭지을 때 중심줄 각도를 수직보단 수평에 가깝게 지어주시면 돼요.

원석을 넣은 동글반지

구슬원석을 중앙에 감싸준 뒤 동그란 8자매듭을 둘레에 지어주어 만드는 반지입니다. 매듭의 곡선 라인과 원석, 비즈가 이루는 조화로움으로 고급스러운 분위기를 연출하기 좋은 작품입니다.

재료

0.7mm 왁스실 55cm 두 가닥
0.7mm 왁스실 35cm 두 가닥
6mm 구슬원석 한 알
3mm 유리비즈 두 알

+ 처음에는 매듭법이 헷갈리지 않도록 중심줄 두 가닥을 다른 색으로 구분해서 만들어줄게요. 35cm의 짧은 줄이 중심줄이에요.

도구

고정판
집게
가위
라이터

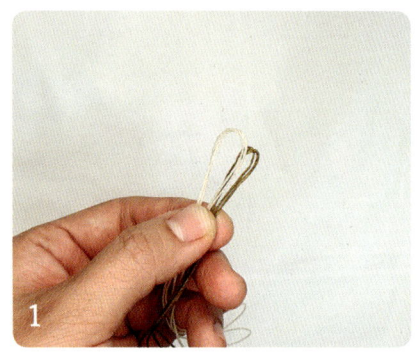 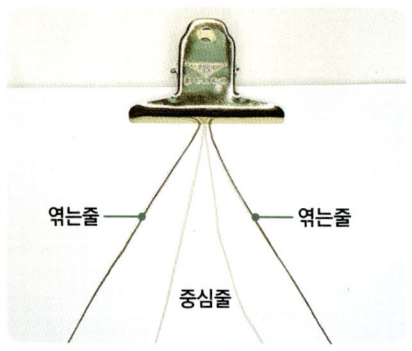

모든 실을 반으로 접어 준비한 뒤 실의 중간 지점을 집게로 집어 고정판에 고정해 줍니다. 이때 55cm 엮는줄 두 줄 사이에 35cm 중심줄 두 줄이 오도록 위치시켜 줍니다.

 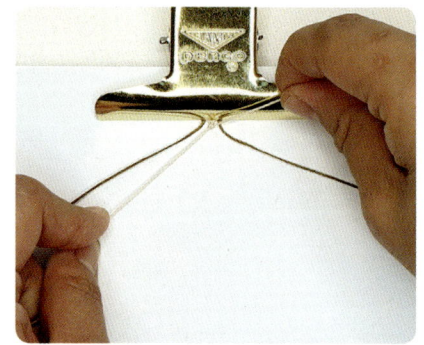

중심줄 두 줄끼리 이어엮기매듭으로 매듭지어줍니다.

종달새 머리 매듭(Vertical Lark's Head knot)

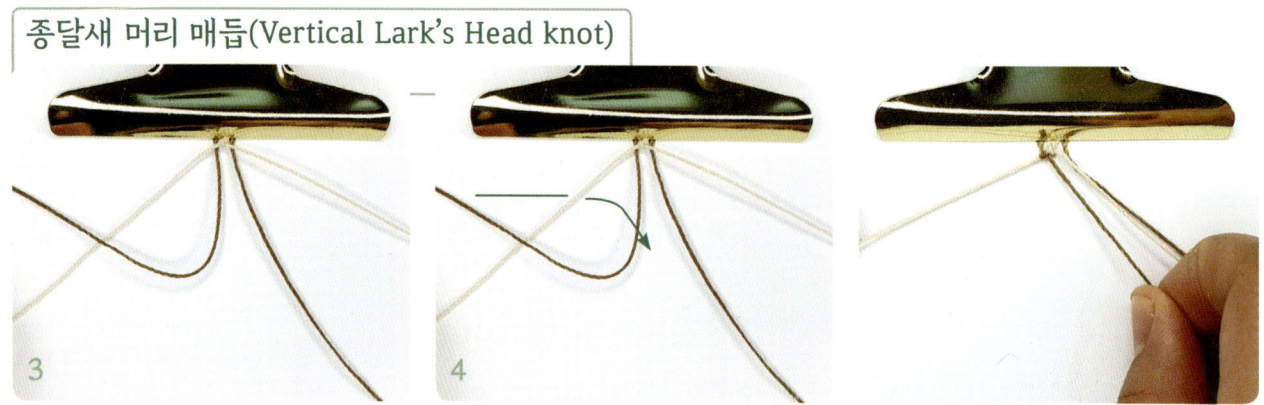

왼쪽 중심줄 위에 왼쪽 엮는줄을 올려줍니다.

자연스럽게 생긴 구멍으로 엮는줄을 빼서 당겨줍니다.
※ 중심줄을 먼저 팽팽하게 해준 뒤 엮는줄을 중심줄과 반대 방향(오른쪽 방향)으로 당겨주세요.

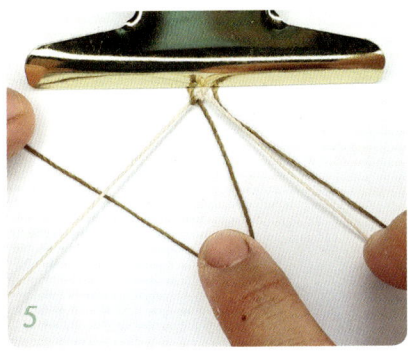
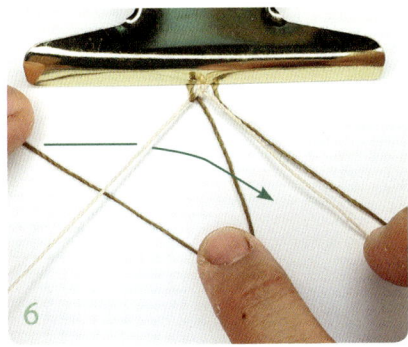
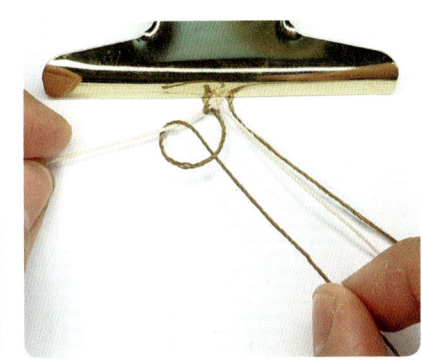

이번에는 중심줄 아래로 엮는줄을 넣어 줍니다.

자연스럽게 생긴 구멍으로 엮는줄을 빼서 당겨줍니다.

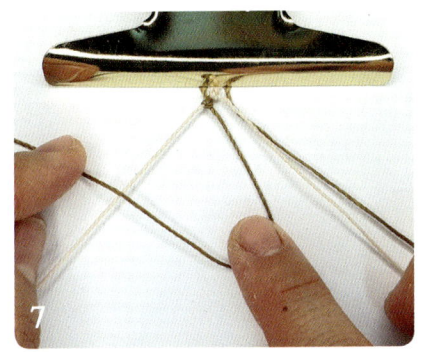
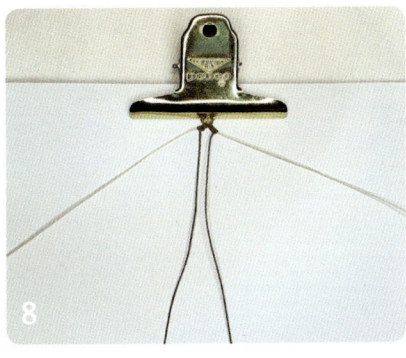

3~6번 과정을 한 번 반복한 후, 3~4번 과정을 한 번 더 해줍니다.

✻ 3~4번 과정과 5~6번 과정을 번갈아가며 총 다섯 번 매듭지어주는 거예요.

오른쪽도 같은 방법으로 매듭을 지어줍니다.

엮는줄 두 가닥에 교차해서 구슬원석을 끼워줍니다.

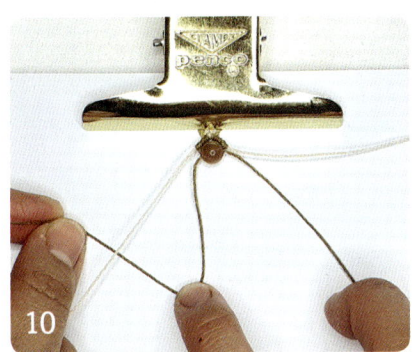

이번에는 5~6번 과정을 먼저 시작하여 3~4번 과정과 번갈아가며 총 다섯 번 매듭지어 원석의 둘레를 감싸는 매듭을 완성해 줍니다.

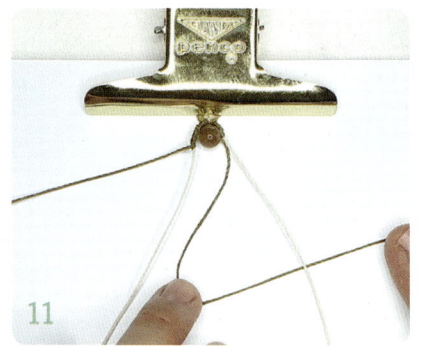
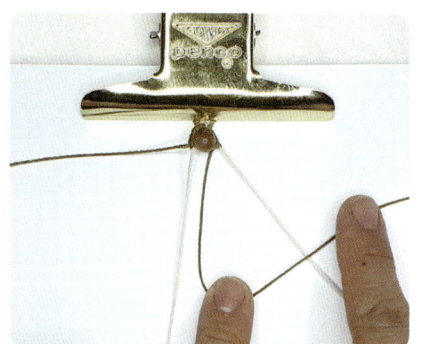

오른쪽도 똑같이 매듭지어줍니다.

중심줄끼리 매듭지어 구슬원석을 매듭으로 완전히 감싸줍니다.

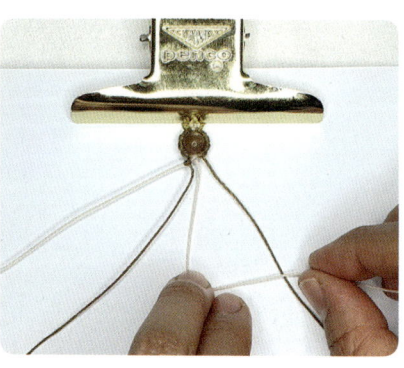

중심줄을 안에서 바깥쪽 방향으로 각각 엮는줄과 엮어 'ㅅ'자 모양으로 매듭지어줍니다.

엮는줄 두 가닥에 교차해서 유리비즈를 끼워줍니다.

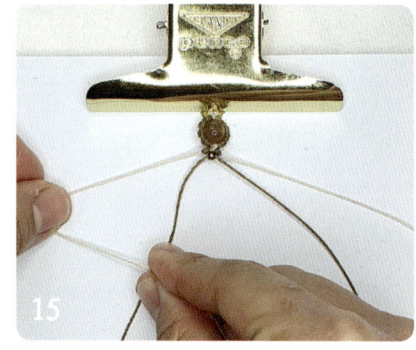

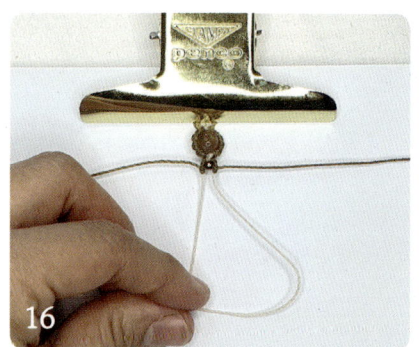

이번에는 중심줄을 바깥에서 안쪽 방향으로 각각의 엮는줄과 엮어 브이자 모양으로 매듭지어줍니다.

중심줄끼리 매듭지어줍니다. 이렇게 하면 비즈를 감싸는 동그라미 완성입니다.

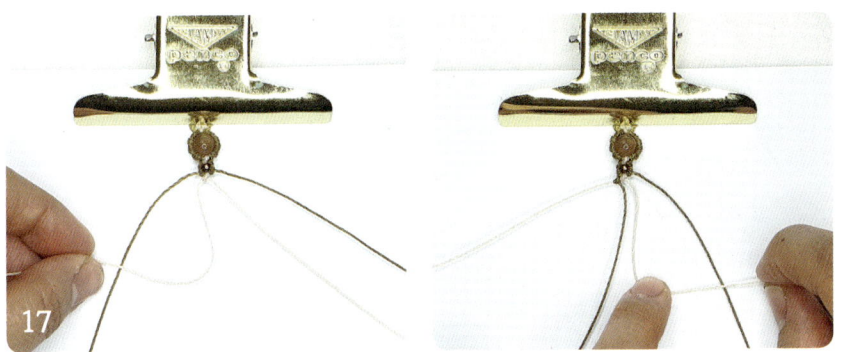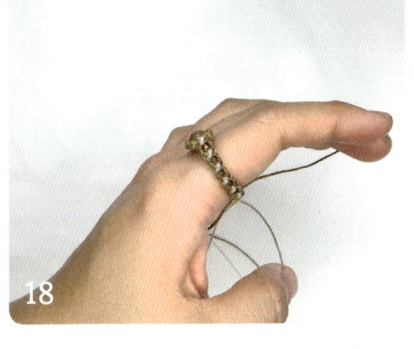

그다음은 네 가닥의 줄을 이용해 8자매듭을 지어줍니다.

🌀 8자매듭은 120쪽을 참고하여 엮어주세요.

손가락 둘레의 절반 정도 매듭을 지었으면 방향을 반대로 바꿔 똑같이 매듭지어 줍니다. 반지를 만들 때에는 마무리 매듭을 지어서 늘어나는 반지 둘레를 고려하여 매듭을 지어주셔야 합니다.

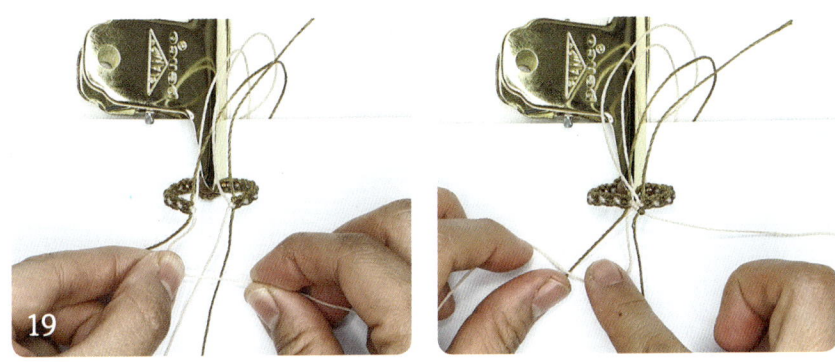

반지 마무리 매듭을 이용해 반지를 마감해 줍니다.

🌀 반지 마무리 매듭 131쪽을 참고해 주세요.

남은 실을 자르고 녹여 마감해 줍니다.

원석을 넣은 동글반지 완성입니다.

Q&A

Q. 반지 사이즈가 동그라미 하나를 더 매듭지으면 클 것 같고 짓지 않으면 작을 것 같은데 사이즈를 어떻게 잘 맞출 수 있을까요?

A. 동그라미의 절반인 브이자 모양으로 매듭지어 맞추면 됩니다. 끝부분에서 작품 만들기 과정 중 15번을 반복해 주세요.

> 부록

반지 마무리 매듭

반지의 양쪽 끝이 네 가닥으로 만든 브이자 모양일 때 사용할 수 있는 반지 마무리 방법입니다. 반지를 매듭으로 마감하기 전에 반지가 끊어질 걱정 없이 튼튼하게 제작이 가능하며, 마무리 부분의 모양도 하나의 무늬가 되어 디자인적으로 예쁜 마감 방법입니다.

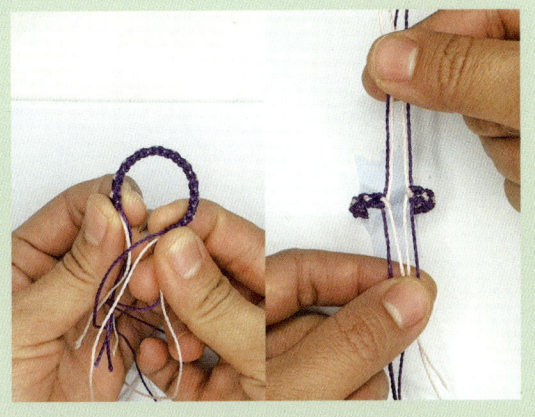

1. 반지의 양끝 매듭이 만나도록 둥글게 잡은 뒤 고정판에 고정해 줍니다. 그다음 아래쪽과 위쪽에 실이 네 가닥씩 오도록 실을 정리해 줍니다.

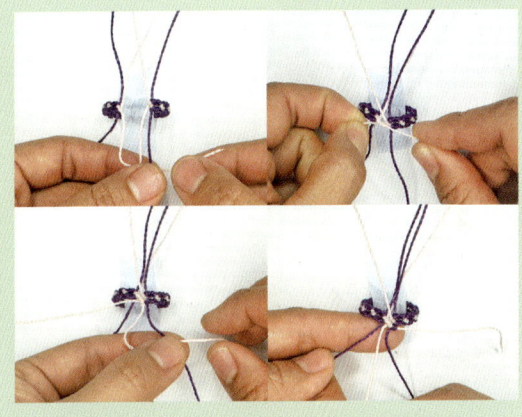

2. 왼쪽에서 두 번째 실을 중심줄, 오른쪽 두 가닥의 실을 엮는줄로 해서 왼쪽에서 오른쪽으로 순서대로 이어엮기매듭으로 엮어줍니다.

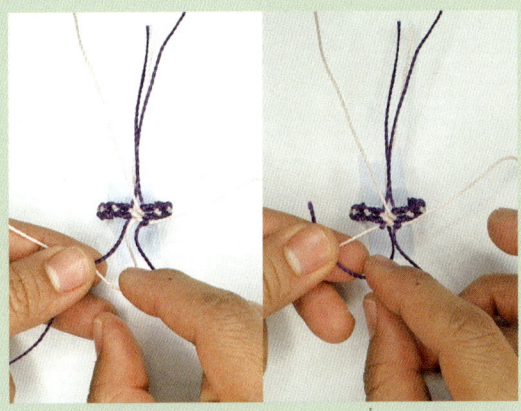

3. 왼쪽에서 두 번째 실을 중심줄, 가장 왼쪽의 실을 엮는줄로 해서 이어엮기매듭으로 엮어줍니다.

4. 반대쪽도 똑같이 매듭을 지어줍니다.

은하수 반지

반지 중심 부분의 이중 8자매듭이 은하수를 연상시켜 은하수 반지라고 이름을 지었답니다.

재료

0.7mm 왁스실 45cm 네 가닥
0.7mm 왁스실 10cm 두 가닥
3mm 비즈 한 알

도구

고정판
집게
가위
라이터

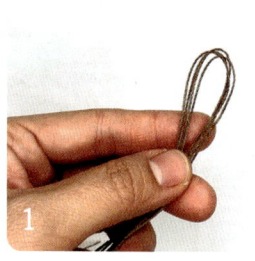 

45cm 실 네 가닥을 반으로 접은 뒤 중심 부분을 집게로 집어 고정판에 고정해 줍니다.

10cm 실 두 가닥을 양쪽 끝에 한 줄씩 추가해 함께 집어줍니다.

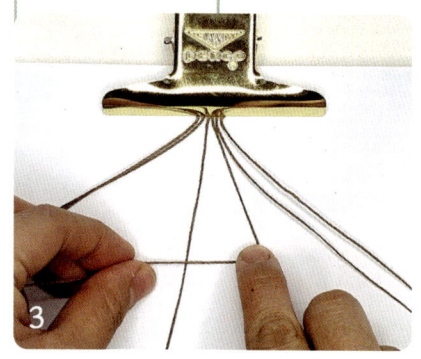 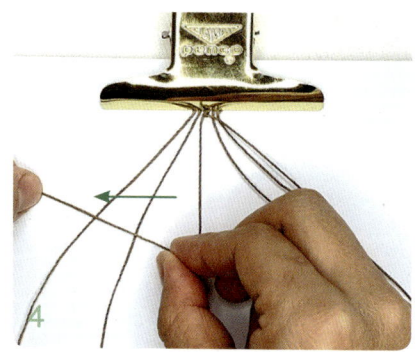 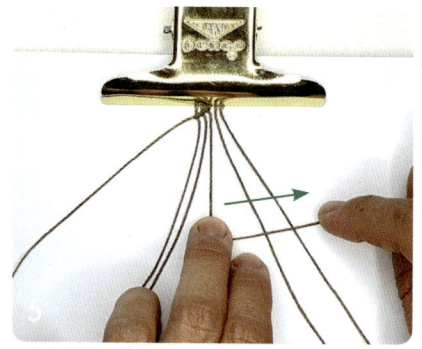

가운데 두 줄을 중심줄로 해서 중심줄끼리 이어엮기매듭으로 엮어줍니다.

왼쪽 중심줄을 왼쪽의 엮는줄들과 안에서 바깥 방향(오른쪽에서 왼쪽 방향)으로 순서대로 엮어줍니다.

오른쪽 중심줄을 오른쪽의 엮는줄들과 안에서 바깥 방향(왼쪽에서 오른쪽 방향)으로 순서대로 엮어줍니다.

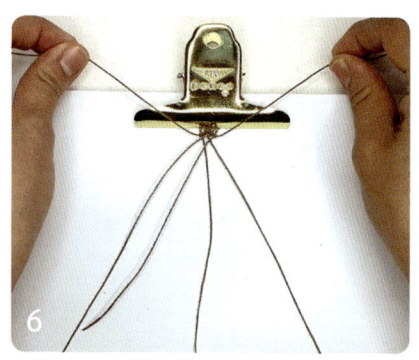 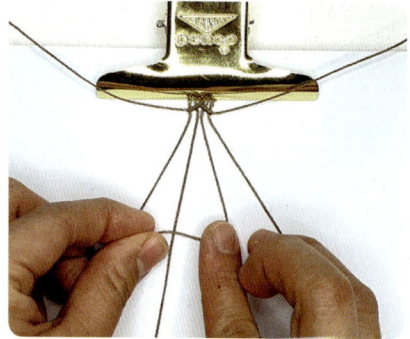

양쪽 끝의 실 한 가닥씩을 제외하고 가운데 네 줄을 이용해 8자매듭을 지어보겠습니다. 먼저 가운데 두 줄을 중심줄로 해서 중심줄끼리 엮어줍니다.

8자매듭은 120쪽을 참고하여 엮어주세요.

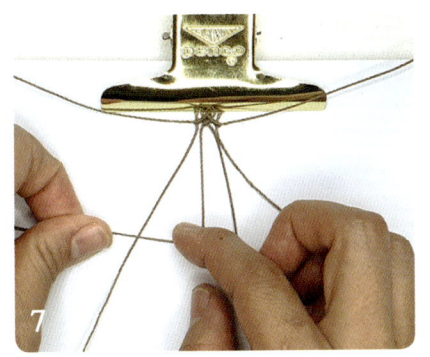
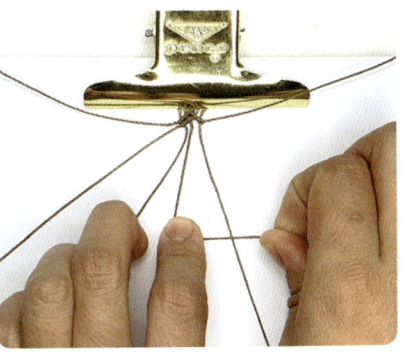
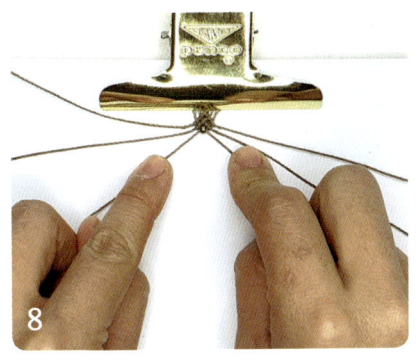

중심줄을 안에서 바깥쪽 방향으로 엮는줄 한 가닥과 각각 엮어줍니다.

엮는줄 두 가닥에 교차해서 비즈를 끼워 줍니다.

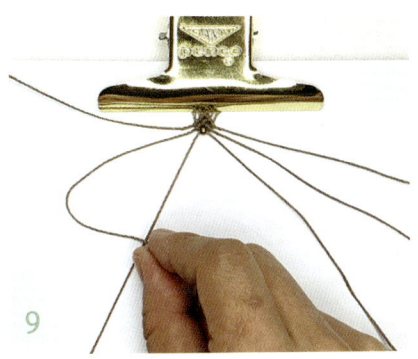

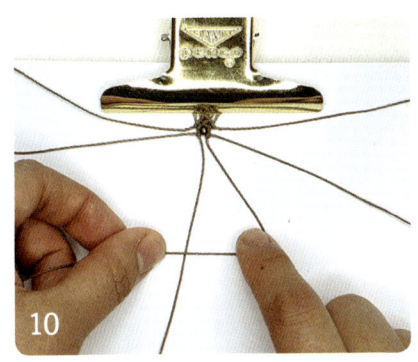

중심줄을 바깥에서 안쪽 방향으로 엮는줄 한 가닥과 각각 엮어줍니다.

중심줄끼리 엮어 비즈를 감싸는 동그라미를 완성해 줍니다.

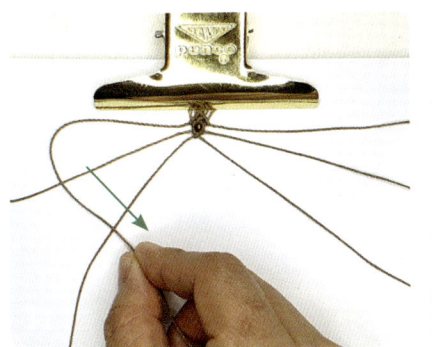
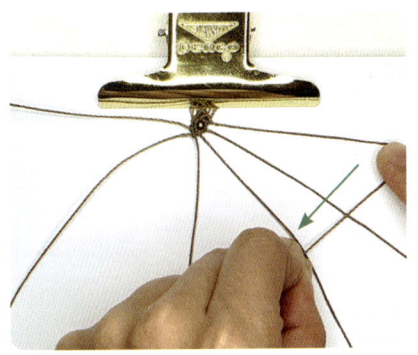

잠시 빼뒀던 양쪽 끝의 실을 중심줄로 해서 바깥에서 안쪽 방향으로 순서대로 각각 두 가닥의 엮는줄과 엮어줍니다.

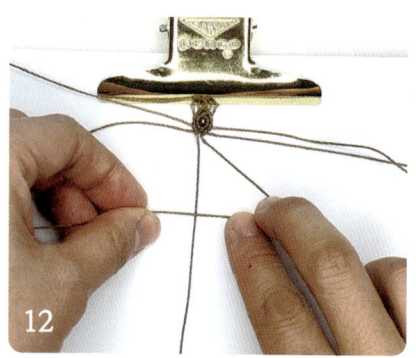 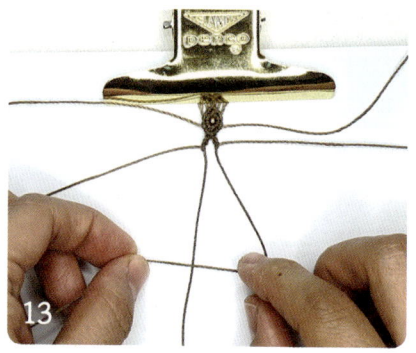

마지막으로 중심줄끼리 엮어줍니다.

양 끝의 한 가닥씩을 제외하고 매듭을 이어나가겠습니다. 가운데 네 가닥을 이용해 8자매듭을 하나 지어줍니다.

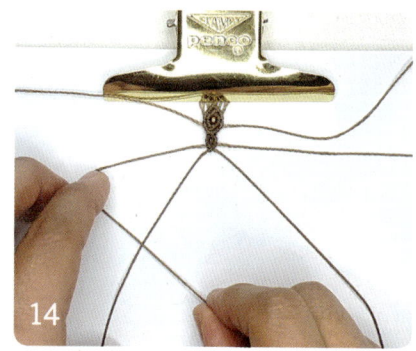 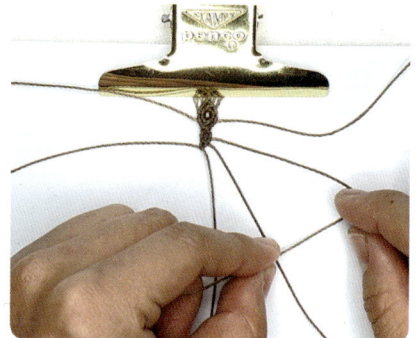

그다음 양쪽 끝의 실을 중심줄로 해서 바깥에서 안쪽 방향으로 엮어 브이자 매듭을 지어줍니다.

⊙ 브이자 매듭은 115쪽을 참고하여 엮어주세요.

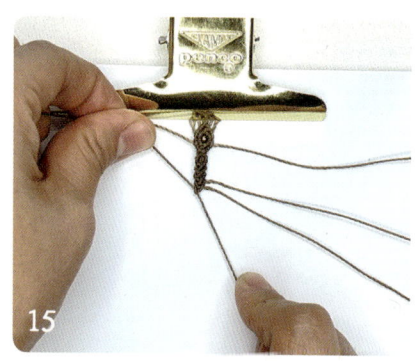 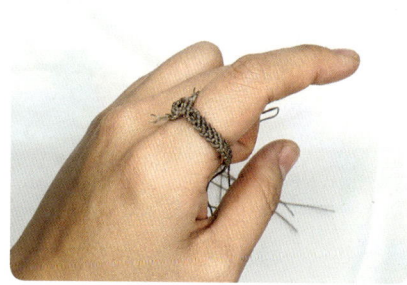

매듭의 길이가 손가락 둘레의 절반이 될 때까지 브이자 매듭을 이어나갑니다.

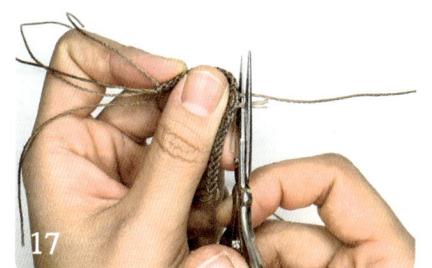

반대쪽도 똑같이 매듭지어줍니다.   반지의 둘레 매듭을 다 지었으면 중심 부분의 필요 없는 실을 먼저 정리해 줍니다.

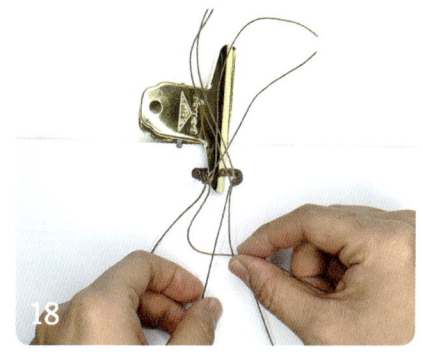
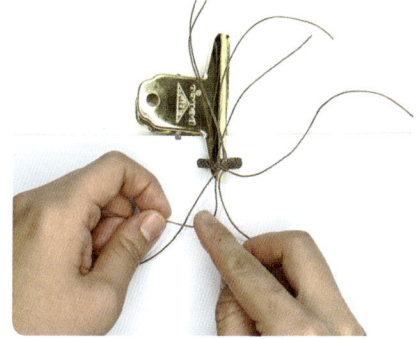

반지 마무리 매듭으로 반지를 마감해 줍니다.
🌱 반지 마무리 매듭 131쪽을 참고해 주세요.

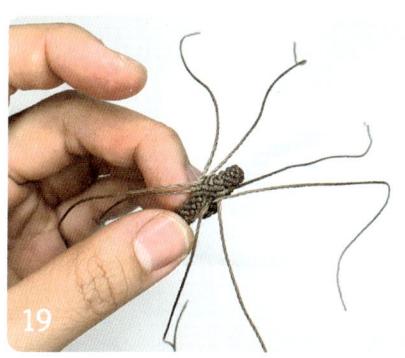

마감 매듭까지 지어준 후 남은 실을 자르고 녹여 마무리합니다.   은하수 반지 완성입니다.

뭉게팔찌

뭉게구름을 연상시키는 중앙 부분의 무늬가 매력적인 팔찌입니다. 한 번 익혀두면 간단하게 만들 수 있는 팔찌여서 여러 개 만들어서 선물하기에도 좋습니다. 착용했을 때 확실하게 포인트가 되는 작품입니다.

 재료

 0.7mm 왁스실 45cm 두 가닥
0.7mm 왁스실 15cm 네 가닥
0.7mm 왁스실 7cm 두 가닥
3mm 유리비즈 한 알

 도구

고정판
집게
가위
라이터

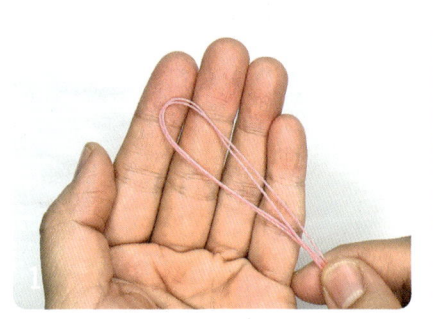

45cm 실 두 가닥의 중앙 부분을 집게로 집어 고정판에 고정해 줍니다.

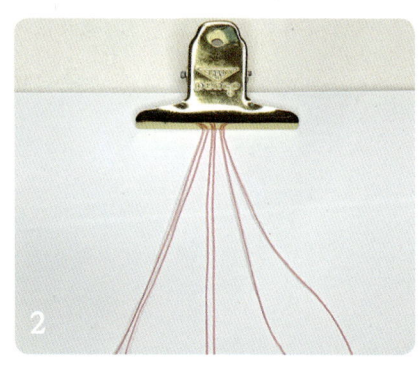

15cm 실을 두 가닥씩 양쪽 끝에 추가해 집게로 집어줍니다.

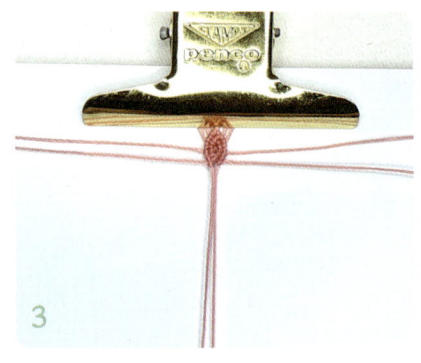

여섯 가닥의 실을 이중 8자매듭으로 매듭지어줍니다.

⑤ 이중 8자매듭은 134쪽을 참고하여 엮어주세요.

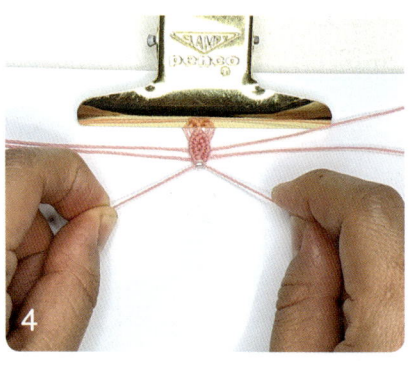

이중 8자매듭의 마지막 과정에서 중심줄끼리 매듭짓는 것 대신 중심줄 두 가닥에 교차해서 유리비즈를 끼워줍니다.

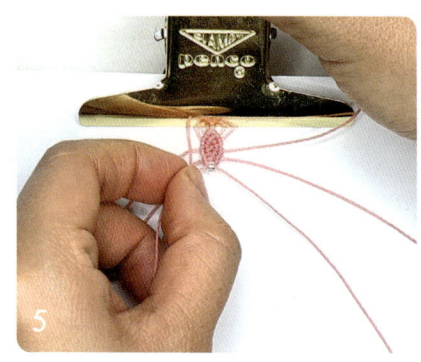

7cm 실 한 가닥을 왼쪽에 추가해 줍니다.

가로엮기 매듭법 추가

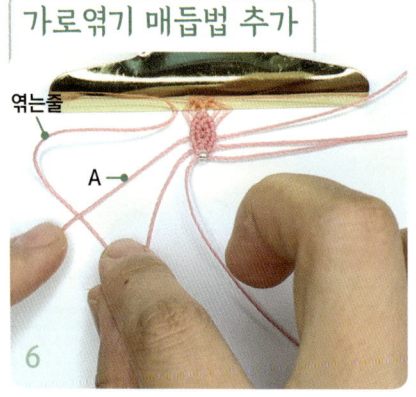

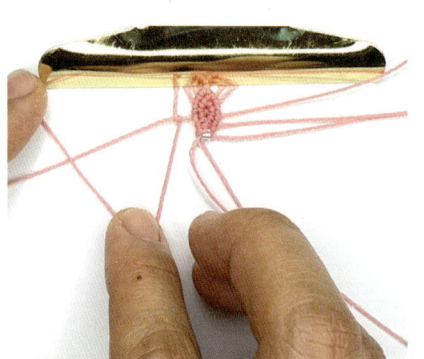

실 A를 중심줄로 해서 5번 과정에서 추가한 엮는줄과 엮어줍니다.

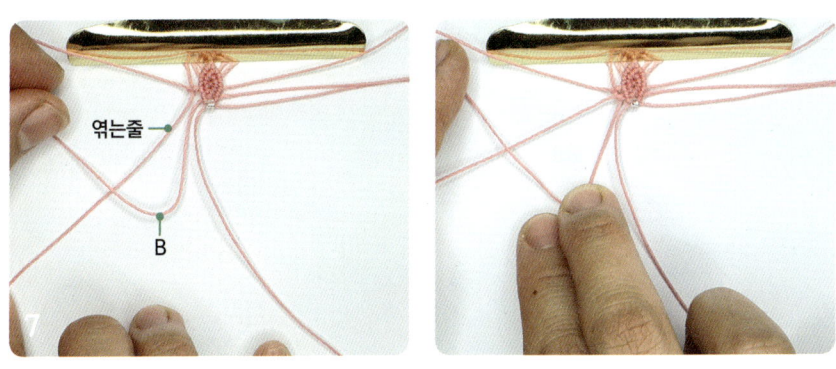

실 B를 중심줄로 해서 엮는줄과 엮어줍니다.

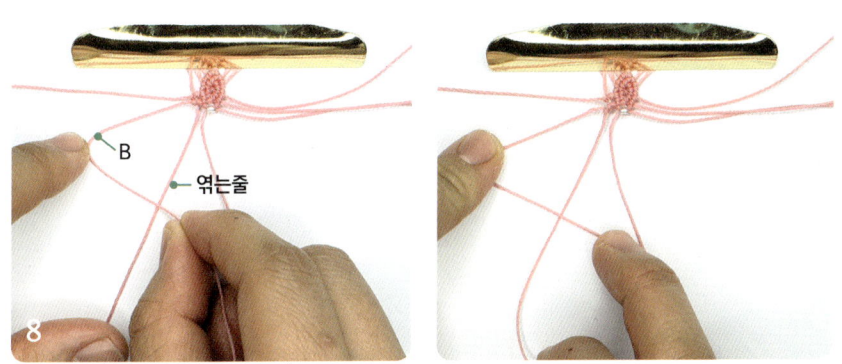

실 B의 방향을 안쪽을 향하도록 바꿔 엮는줄과 다시 엮어줍니다.

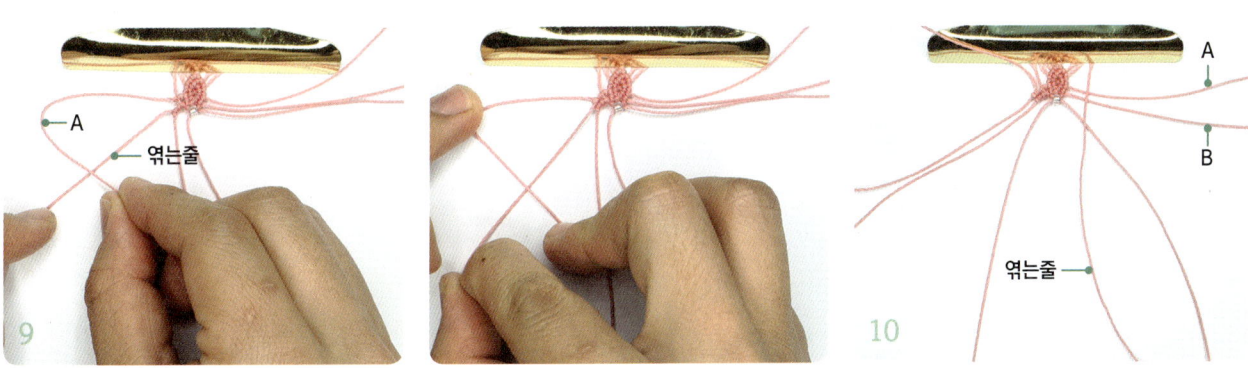

이번에는 실 A의 방향을 안쪽으로 향하도록 바꿔 엮는줄과 다시 엮어줍니다.

오른쪽에도 7cm 실 한 가닥을 추가해 줍니다.

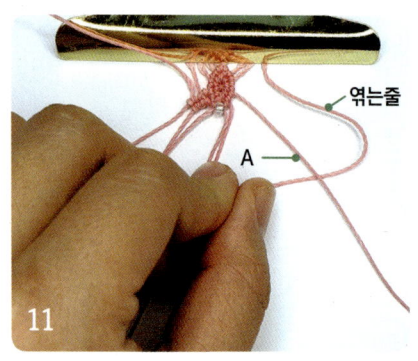 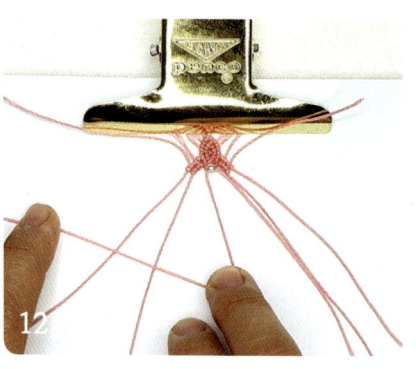 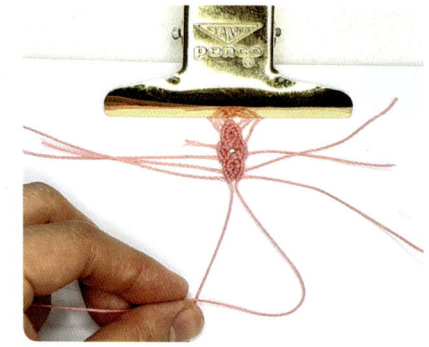

오른쪽도 똑같은 방법으로 매듭지어줍니다.

추가해서 엮어줬던 실을 제외하고 가운데 실 여섯 가닥으로 다시 이중 8자매듭을 지어줍니다.

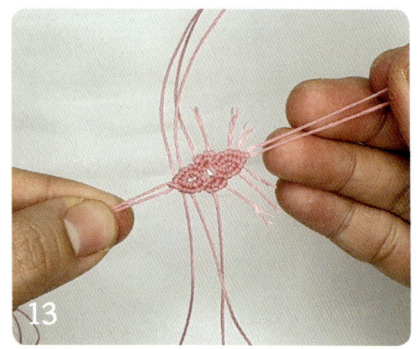 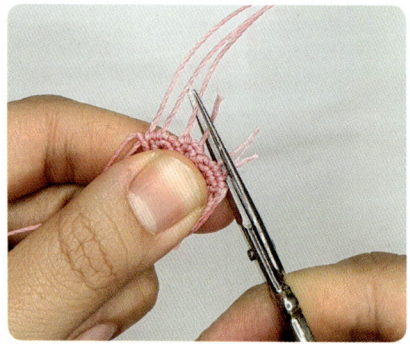

중앙 부분 매듭을 다 지었으면 양쪽의 긴 실 두 가닥씩을 제외하고 모든 실을 자르고 녹여 마감해 줍니다.

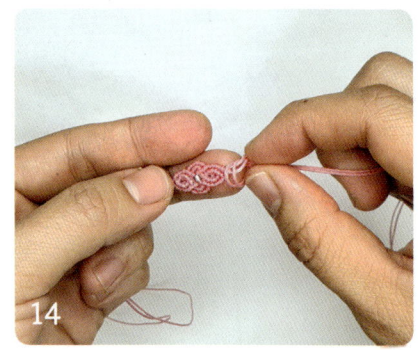 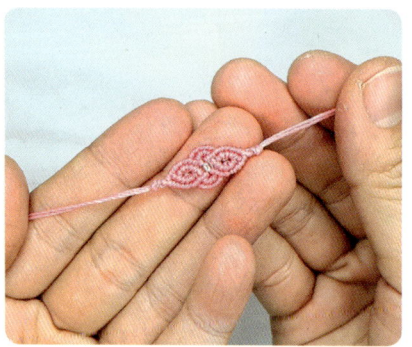

중앙 부분 매듭의 양쪽을 한 번씩 묶어줍니다.

팔찌가 손을 쉽게 통과할 수 있는 길이로 팔찌의 길이를 정한 뒤 끝부분을 묶어줍니다. 취향에 따라 비즈를 끝에 추가한 뒤 묶어도 좋습니다.

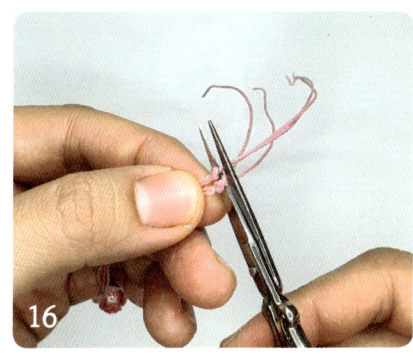
16

남은 실을 자르고 녹여 마감합니다.

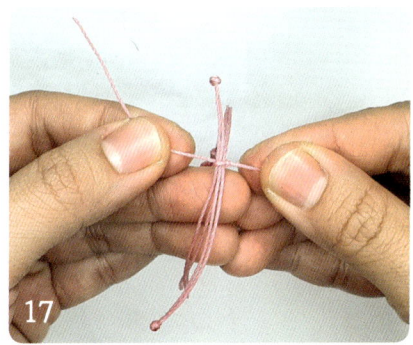
17

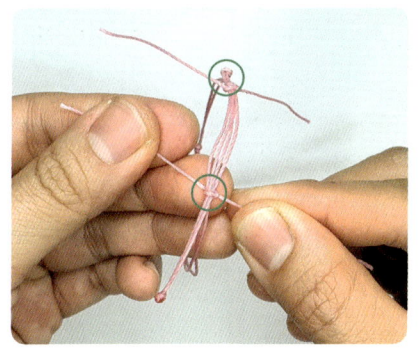

팔찌를 동그란 모양으로 잡아준 뒤 겹쳐진 길이 조절 부분에 자투리 실을 이용해 평매듭을 2개 지어줍니다. 3회 이상 평매듭을 지어주어 길이 조절 매듭을 만들어줍니다.

평매듭은 58쪽을 참고하여 엮어주세요.

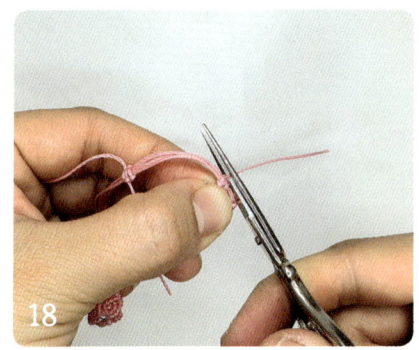
18

평매듭 후에 남은 실을 마감해 줍니다.

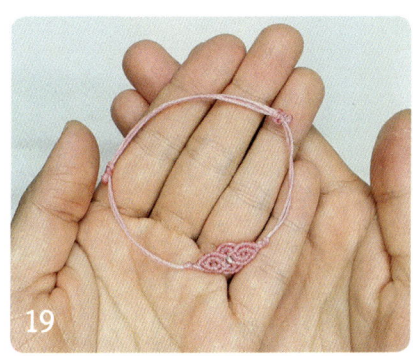
19

뭉게팔찌 완성입니다.

폴링팔찌

두 개의 8자매듭 사이로 빛나는 비즈가 폭포수를 연상시켜 폴링팔찌로 이름 지은 작품입니다. 비즈가 자아내는 화려함으로 팔찌가 아니더라도 초커, 머리띠 등으로 활용해도 좋은 디자인입니다.

 재료

0.7mm 왁스실 160cm 네 가닥
0.7mm 왁스실 30cm 한 가닥
3mm 비즈 20알

 도구

고정판
집게
가위
라이터

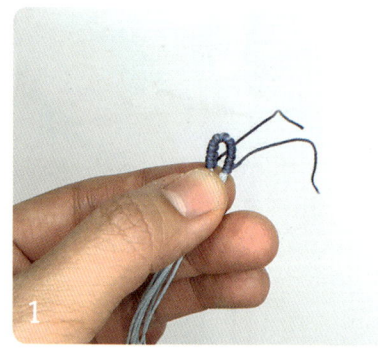 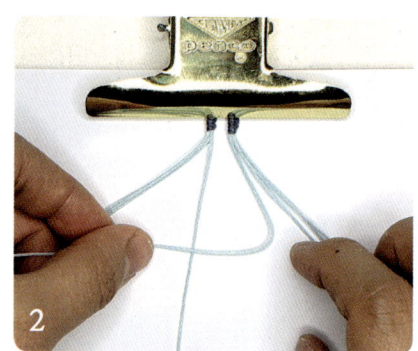

160cm 실 네 줄과 30cm 실 한 줄을 이용해 고리가 있는 팔찌 시작 부분을 만들어줍니다.

🌀 '고리가 있는 팔찌 만들기' 22쪽을 참고해 주세요.

고리 부분을 평매듭으로 마감하지 않은 채로 집게로 집어 고정판에 고정해 줍니다. 여덟 가닥의 실을 이용해 'ㅅ'자로 매듭지어 보겠습니다. 우선 가장 가운데 두 줄을 이어엮기매듭으로 엮어줍니다.

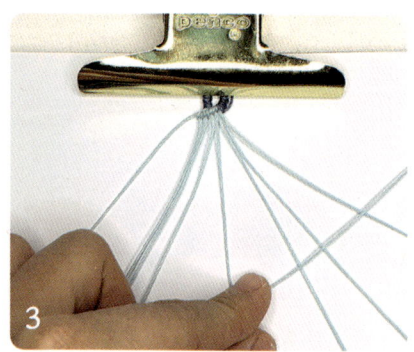

중심줄을 안에서 바깥 방향으로 순서대로 엮는줄들과 엮어줍니다. 양쪽에 각각 세 줄의 엮는줄과 엮어주면 'ㅅ'자 모양이 완성됩니다.

🌀 엮는줄의 순서는 임의로 정해 매듭지어주세요.

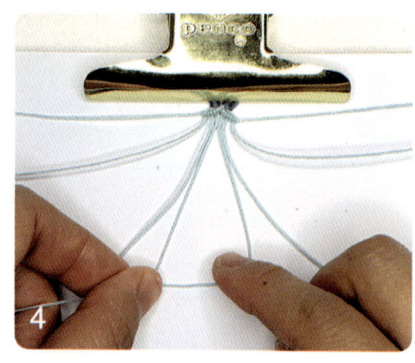 

양쪽에 두 가닥의 실을 잠시 측면으로 빼두고 가운데 네 가닥을 이용해 8자매듭을 지어줍니다.

🌀 8자매듭은 120쪽을 참고하여 엮어주세요.

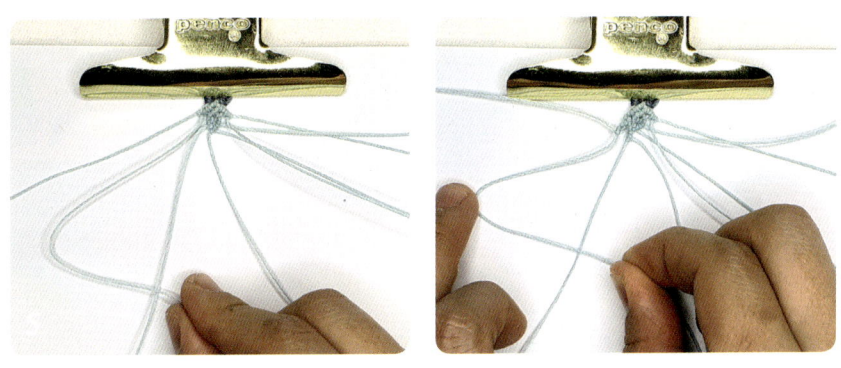

왼쪽 네 가닥의 실로도 8자매듭을 지어줍니다.

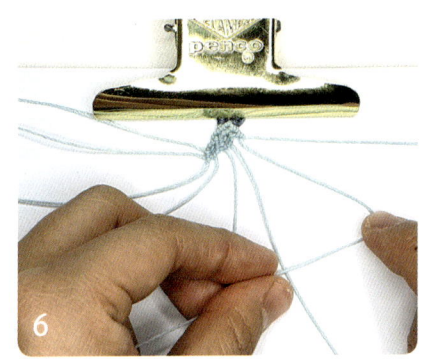  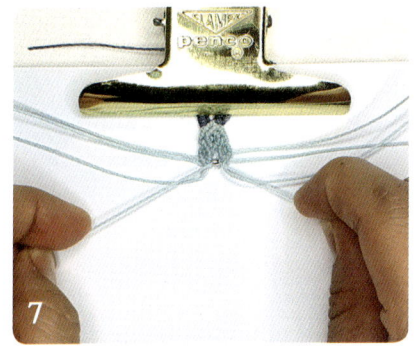

오른쪽 네 가닥의 실로도 8자매듭을 지어줍니다.

가운데 두 줄의 실에 교차해서 비즈를 끼워줍니다.

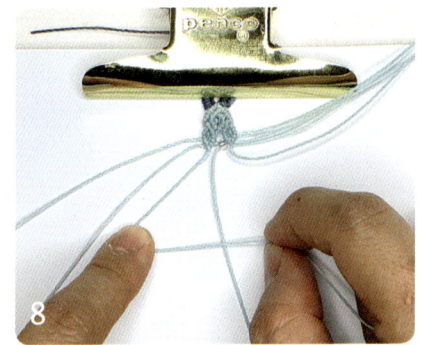 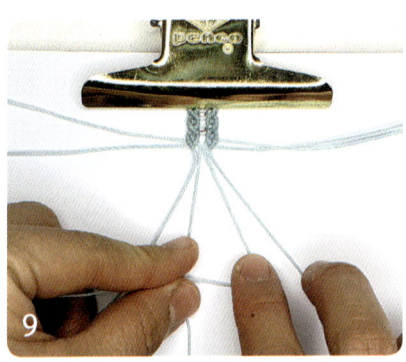

팔찌의 길이가 손목 둘레에 가까워질 때까지 5~7번 과정을 반복하며 계속해서 매듭지어줍니다.

충분한 길이로 매듭지었으면 첫 시작 부분과 똑같은 무늬로 마지막 부분을 매듭지어줍니다. 우선 가운데 네 가닥으로 8자매듭을 지어줍니다.

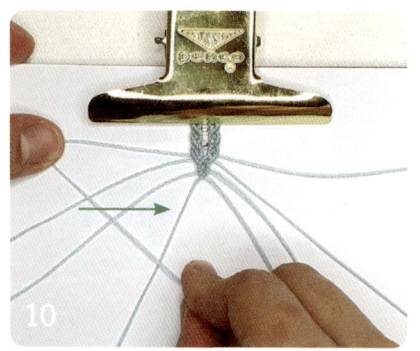 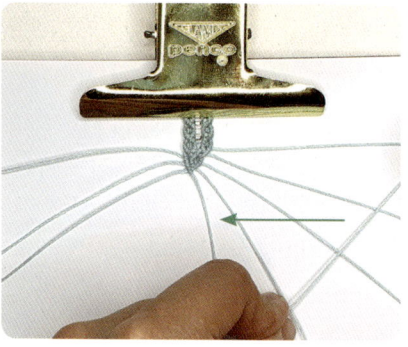 

양 끝의 실을 중심줄로 해서 바깥에서 안쪽 방향으로 순서대로 엮는줄 세 가닥씩과 매듭지어줍니다.

중심줄 두 줄끼리 매듭지어 브이자 모양을 만들어줍니다. 이렇게 하면 팔찌의 무늬 부분 완성입니다.

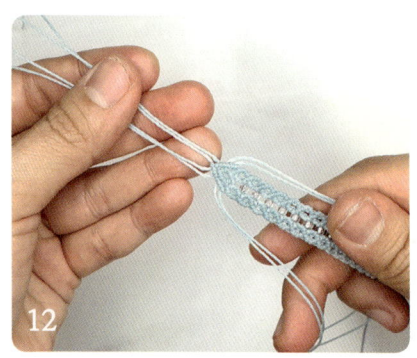 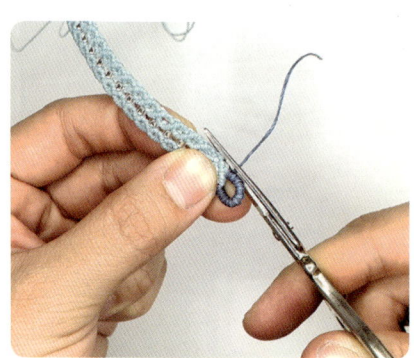 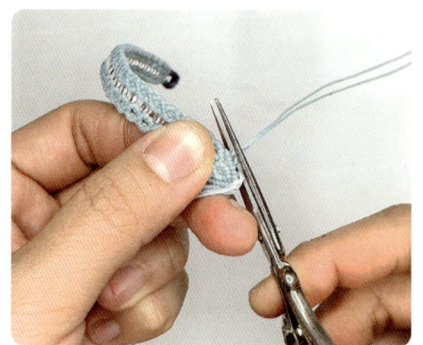

네 줄 꼬기로 매듭지을 가운데 네 가닥을 제외하고 나머지 필요 없는 실들을 가위로 자른 뒤 녹여 마감해 줍니다.

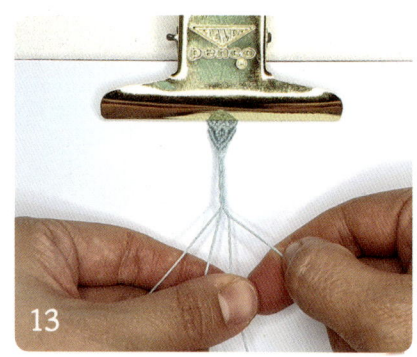 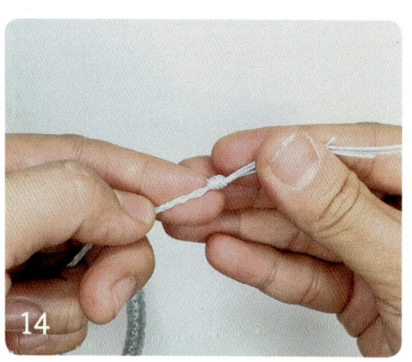

네 가닥의 실로 네 줄 꼬기를 해줍니다.
❋ 네 줄 꼬기 매듭은 42쪽을 참고하여 엮어주세요.

충분한 길이로 매듭지었으면 끝부분을 한 번 묶어줍니다.

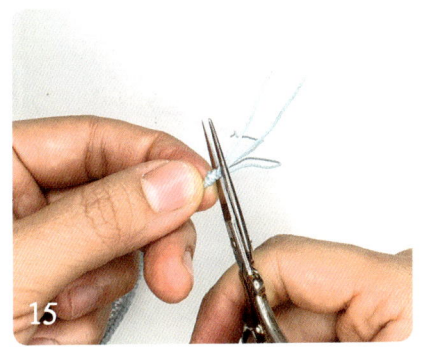

묶고 남은 실을 잘라 마무리해줍니다. 이때 남은 실을 녹여주셔도 되고, 자연스럽게 자르기만 하셔도 됩니다.

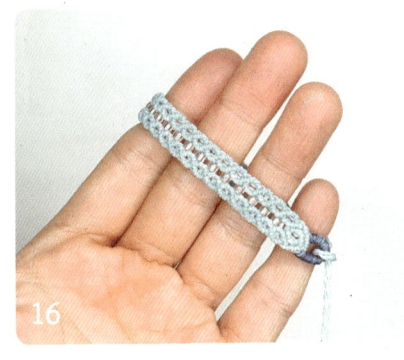

고리에 실을 통과시켜 한 번 묶어주는 방식으로 착용이 가능한 폴링팔찌 완성입니다.

인피니트 반지

무한대의 기호(∞)를 연상시켜 인피니트 반지라 이름 지은 작품입니다.
반지에 테두리 라인을 넣어 더 안정적인 균형감을 지닌 작품입니다.

 재료

0.7mm 왁스실 30cm 네 가닥
0.7mm 왁스실 90cm 두 가닥
1mm 비즈 한 알

+ 테두리 부분 두 가닥은 처음에 헷갈릴 수 있어
  다른 색으로 구분하는 것이 좋아요.

 도구

고정판
집게
가위
라이터

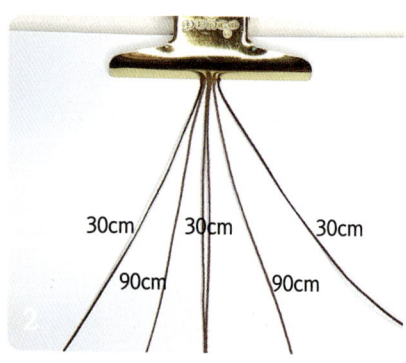

1. 실 여섯 가닥을 반으로 접어 중앙 부분을 집게로 집어 고정판에 고정해 줍니다.

2. 테두리 부분의 중심인 30cm 두 가닥을 가장 바깥쪽, 90cm의 엮는줄이 그다음, 8자매듭의 중심인 30cm 중심줄 두 가닥을 가장 안쪽에 위치시켜 줍니다.

테두리 8자매듭

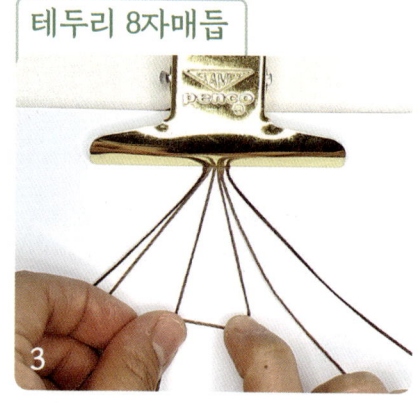
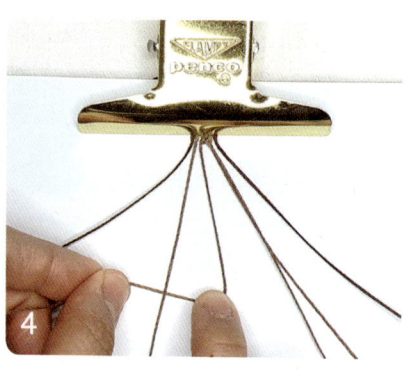

3. 가운데 네 가닥을 이용해 비즈를 넣은 동그라미를 만들어주겠습니다. 먼저 가운데 두 줄끼리 이어엮기매듭으로 매듭지어줍니다.

4. 그다음 중심줄을 안에서 바깥 방향으로 엮는줄 한 가닥과 매듭지어 'ㅅ'자 모양을 만들어줍니다.

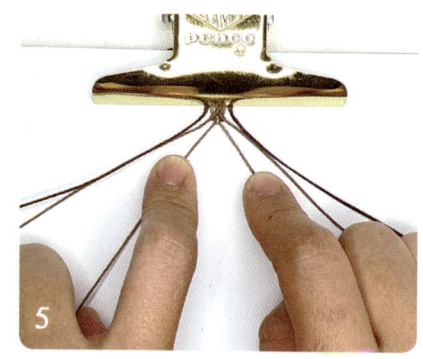

5. 가운데의 엮는줄 두 가닥에 교차해서 비즈를 끼워줍니다.

6. 중심줄을 바깥에서 안쪽 방향으로 엮는줄과 매듭지어 브이자 매듭을 만들어줍니다.

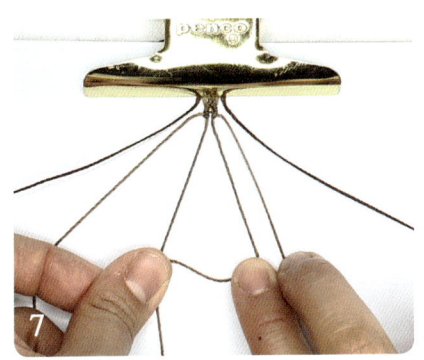

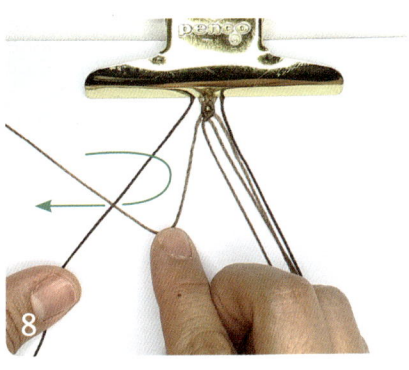

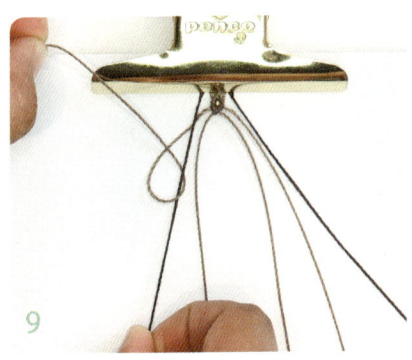

7 중심줄끼리 매듭지어 비즈를 감싸는 동그라미를 완성합니다.

8 왼쪽 끝의 테두리 부분 중심줄과 왼쪽에서 두 번째 엮는줄을 안에서 바깥 방향으로 엮어보겠습니다(세로엮기). 엮는줄이 중심줄 아래로 가도록 놓아줍니다.

9 엮는줄을 자연스럽게 생긴 구멍으로 넣어준 뒤 바깥 방향으로 당겨줍니다. 이때 중심줄은 항상 팽팽하게 유지해 줍니다.

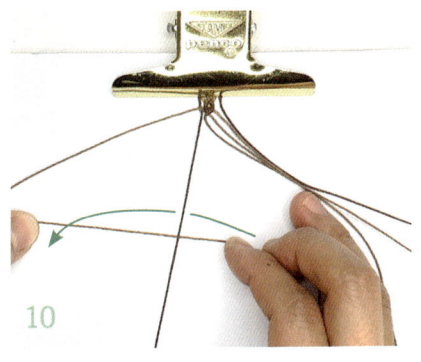

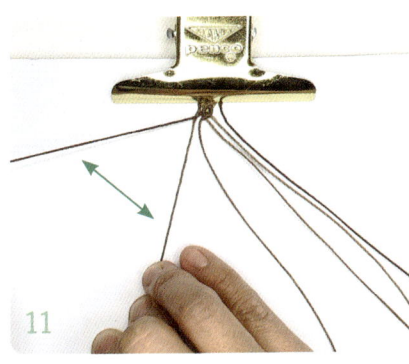

10 그다음 엮는줄을 중심줄 위에 올린 뒤 자연스럽게 생긴 구멍으로 엮는줄의 끝을 빼서 매듭지어줍니다. 이번에도 엮는줄의 방향은 바깥쪽을 향하게 해줍니다.

11 이번에는 바깥에서 안쪽 방향으로 엮는줄을 중심줄과 엮어보겠습니다. 엮는줄과 중심줄의 자리를 바꿔줍니다. 자리를 바꿀 때 엮는줄이 중심줄 아래로 지나가도록 해줍니다.

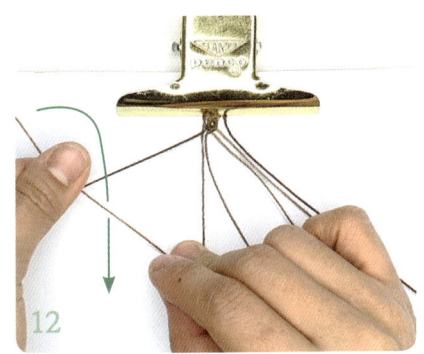

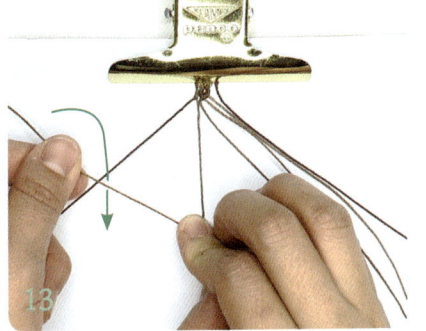

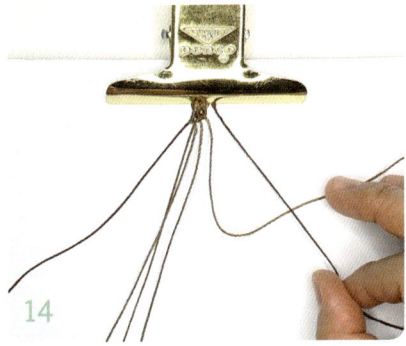

12 엮는줄을 중심줄 위에 올린 뒤 자연스럽게 생긴 구멍으로 엮는줄의 끝을 빼서 매듭지어줍니다. 엮는줄의 방향은 안쪽을 향하게 해줍니다.

13 한 번 더 엮는줄을 중심줄 위에 올린 뒤 구멍으로 엮는줄을 빼서 매듭지어줍니다.

14 반대쪽도 8~13번의 과정과 똑같이 매듭지어줍니다.

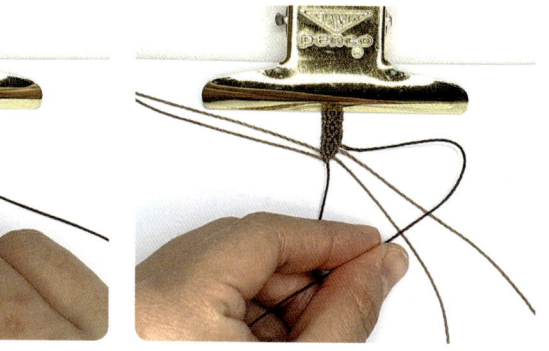

비즈를 넣는 과정만 생략한 채 3~14번 과정을 반복해 줍니다.

손가락 둘레의 절반가량 매듭지었으면 마무리 매듭을 지어보겠습니다. 가장 바깥쪽 실을 중심줄로 해서 바깥에서 안쪽 방향으로 엮는줄 두 가닥과 순서대로 매듭지어줍니다.

중심줄끼리 매듭지어줍니다.

반지의 나머지 절반도 매듭지은 뒤 반지 마무리 매듭 전 필요 없는 실을 정리하겠습니다. 양쪽 가운데 네 가닥만을 남긴 채 나머지 실들은 잘라 마감합니다.

반지를 동그랗게 집게로 집어 반지 마무리 매듭을 지어줍니다.
※ 반지 마무리 매듭은 131쪽을 참고해 주세요.

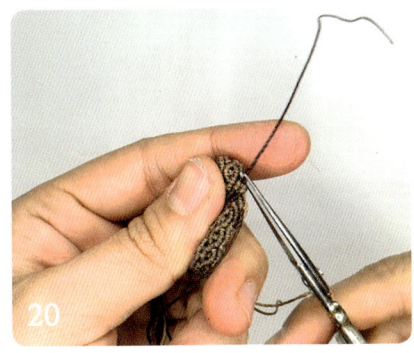

남은 실을 자르고 녹여 마감합니다.

인피니트 반지 완성입니다.

부엉이 귀걸이

부를 상징하는 부엉이를 매듭으로 그려낸 귀걸이입니다. 실 색상에 따라, 비즈에 따라 각양각색의 부엉이를 완성할 수 있습니다.

 재료

부엉이 한 마리 기준
0.7mm 왁스실 15cm 여덟 가닥
0.7mm 왁스실 7cm 두 가닥
비즈 2알
4mm 오링 1개
3mm 오링 1개
귀걸이 후크 1개

 도구

고정판
집게
가위
라이터
펜치
오링반지

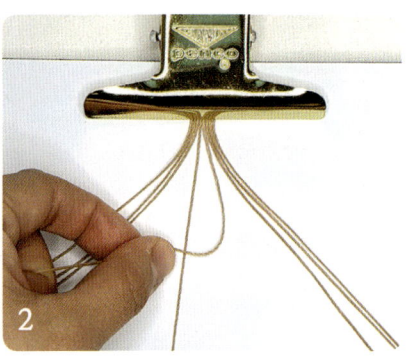

15cm 실 여덟 가닥의 끝부분을 집게로 집어 준비합니다.

여덟 가닥을 이용해 'ㅅ'자 모양으로 매듭지어 보겠습니다. 먼저 가운데 중심줄 두 줄끼리 이어엮기매듭으로 매듭지어 줍니다.

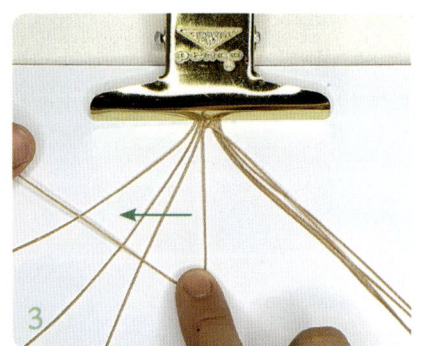

중심줄을 안에서 바깥 방향으로 엮는줄 세 가닥씩과 순서대로 엮어줍니다.

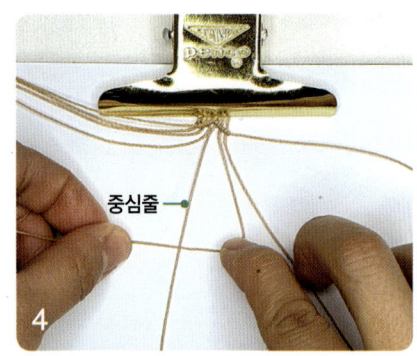
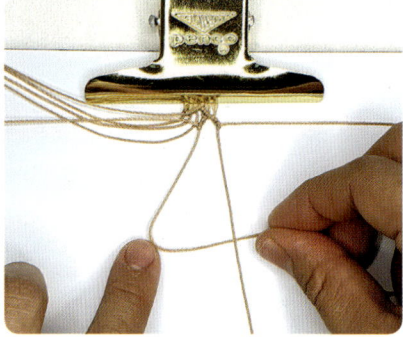

오른쪽 네 가닥을 이용해 8자매듭을 지어줍니다. 마지막 중심줄끼리 매듭지어 줄 때 두 가닥 중 안쪽 실이 중심줄이 되도록 매듭지어줍니다.

🌀 8자매듭은 120쪽을 참고하여 엮어주세요.

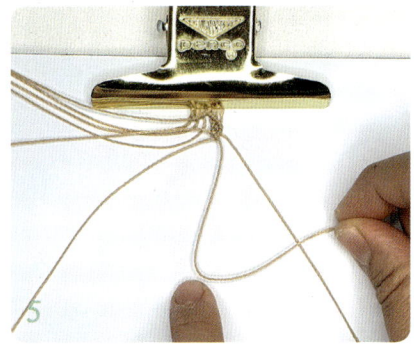
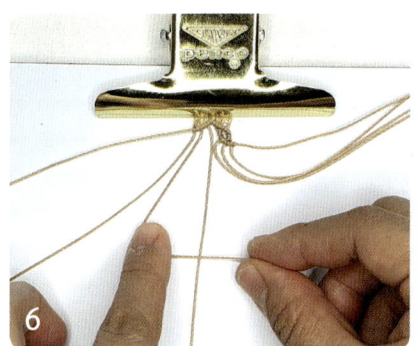

중심줄을 이어서 가장 오른쪽 한 가닥과도 엮어줍니다.

왼쪽 네 가닥을 이용해 8자매듭을 지어줍니다. 이번에도 마지막 중심줄끼리 매듭지어 줄 때 두 가닥 중 안쪽 실이 중심줄이 되도록 하고, 이어서 가장 왼쪽의 한 가닥과도 엮어줍니다.

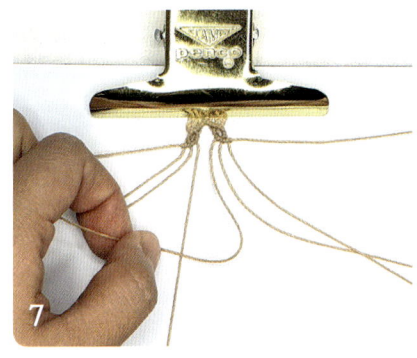
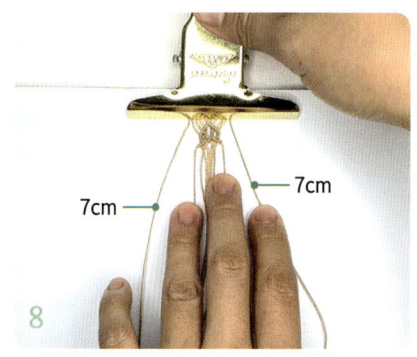

가운데 두 가닥을 이어엮기매듭으로 엮어줍니다.

양쪽 끝에 7cm 실을 한 가닥씩 추가해 줍니다.

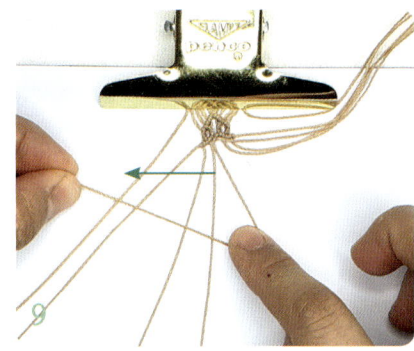
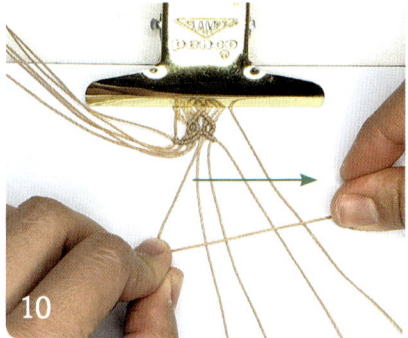

열 가닥의 실을 이용해 'ㅅ'자 모양으로 매듭지어 보겠습니다. 가운데 두 가닥 중 왼쪽 실을 중심줄로 해서 안에서 바깥 방향으로 엮는줄 네 가닥과 순서대로 엮어줍니다.

가운데 두 가닥 중 오른쪽 실을 중심줄로 해서 안에서 바깥 방향으로 엮는줄 네 가닥과 순서대로 엮어줍니다.

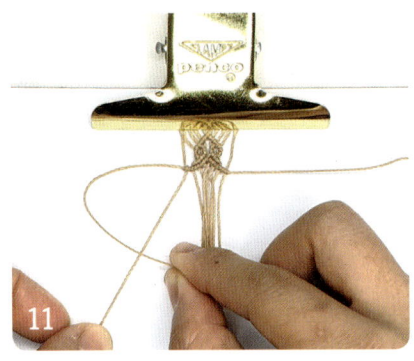
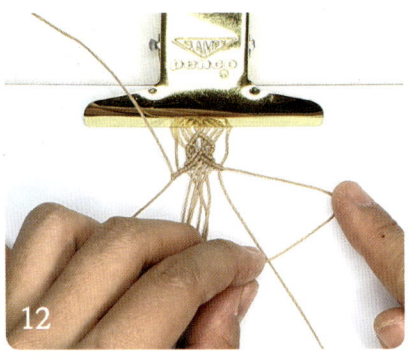

왼쪽 끝의 중심줄의 방향을 바꿔 바깥에서 안쪽 방향으로 바로 오른쪽의 엮는줄 한 가닥과 매듭지어줍니다.

오른쪽 끝의 중심줄의 방향을 바꿔 바깥에서 안쪽 방향으로 바로 왼쪽의 엮는줄 한 가닥과 매듭지어줍니다.

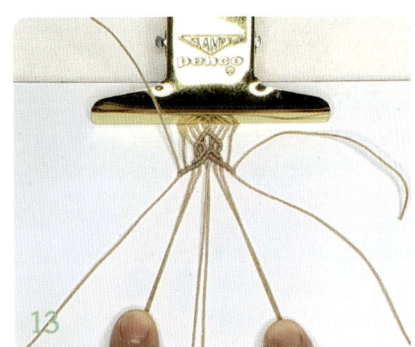
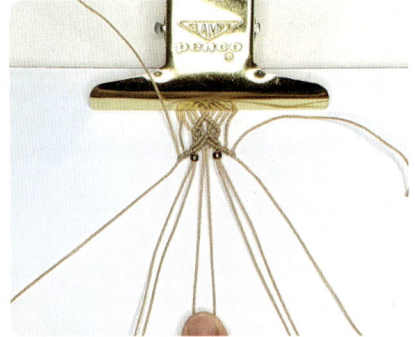

바깥에서 세 번째와 네 번째 순서에 놓인 실 두 가닥에 같은 방향으로 비즈를 한 알씩 끼워줍니다.

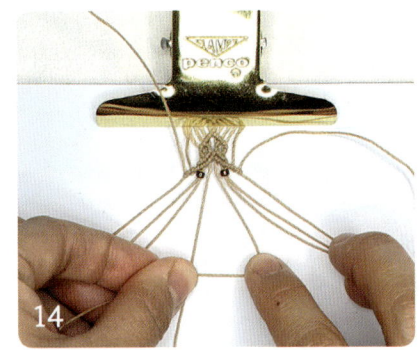
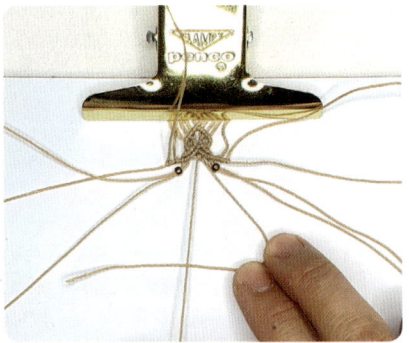
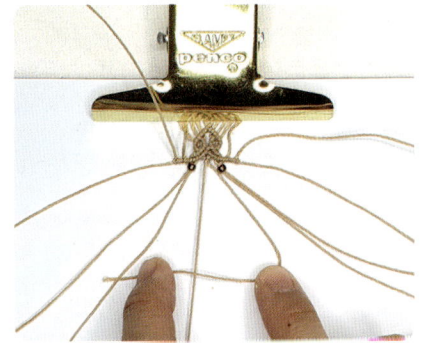

가운데 두 줄을 종달새 머리 매듭으로 3회 매듭지어줍니다.

❂ 종달새 머리 매듭은 126쪽을 참고하여 엮어주세요.

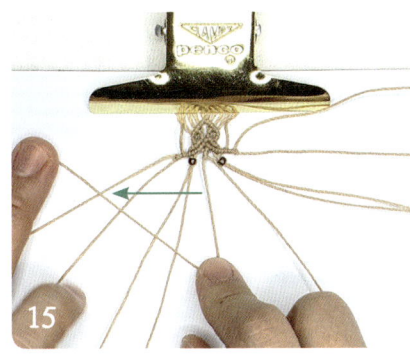 

가운데 두 가닥 중 왼쪽 실을 중심줄로 해서 안에서 바깥 방향으로 엮는줄 네 가닥과 순서대로 엮어줍니다.

가운데 두 가닥 중 오른쪽 실을 중심줄로 해서 안에서 바깥 방향으로 엮는줄 네 가닥과 순서대로 엮어줍니다.

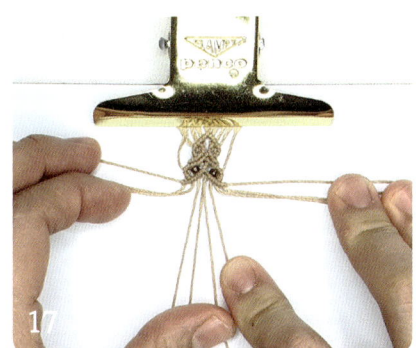 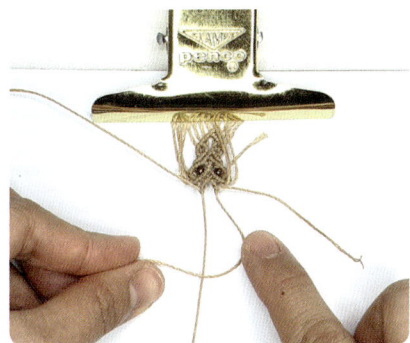

마지막으로 가운데 네 줄을 이용해 8자매듭을 하나 지어줍니다.

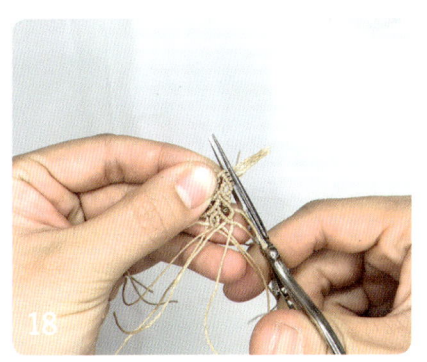 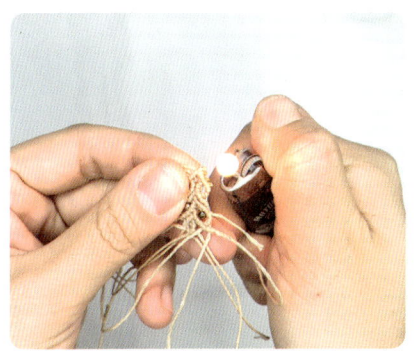

모든 실을 가위로 자른 뒤 불에 녹여 마감해 줍니다.

19 키링이나 목걸이 펜던트로도 활용이 가능한 부엉이 펜던트 완성입니다.

20 오링반지를 이용해 4mm 크기의 오링을 벌려줍니다.

21 부엉이 펜던트의 윗부분 동그라미에 오링을 끼운 뒤 오링을 오므려줍니다.

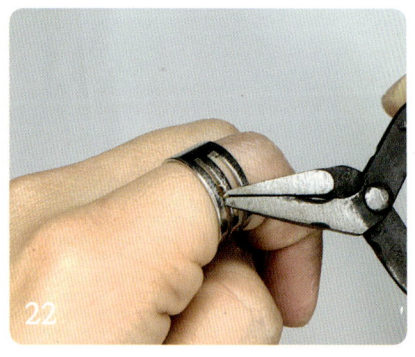

22 오링반지를 이용해 3mm 크기의 오링을 벌려줍니다.

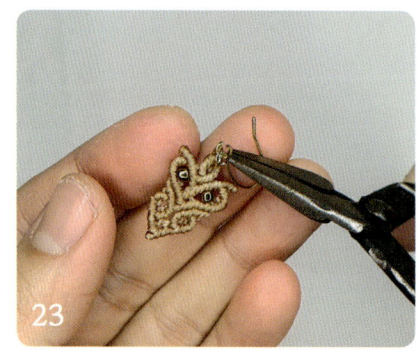

23 펜던트와 귀걸이 후크를 오링에 끼운 뒤 오링을 오므려줍니다. 귀걸이를 착용했을 때 펜던트가 앞을 향할 수 있도록 방향을 잘 확인하며 끼워줍니다.

24 부엉이 귀걸이 완성입니다.

하트 팔찌

하트 무늬와 곡선을 이루는 매듭이 어우러져 아름다운 작품입니다.
취향에 따라 비즈를 빼서 만들 수도 있습니다.

 재료

 0.7mm 왁스실 70cm 여덟 가닥
3mm 비즈 약 10알

 도구
고정판
집게
가위
라이터

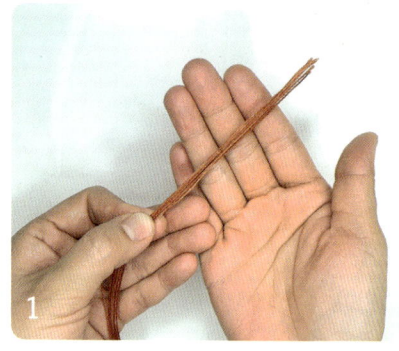

70cm 실 여덟 가닥을 위에서 10cm 가량 내려온 지점을 집게로 집어 고정판에 고정해 줍니다.

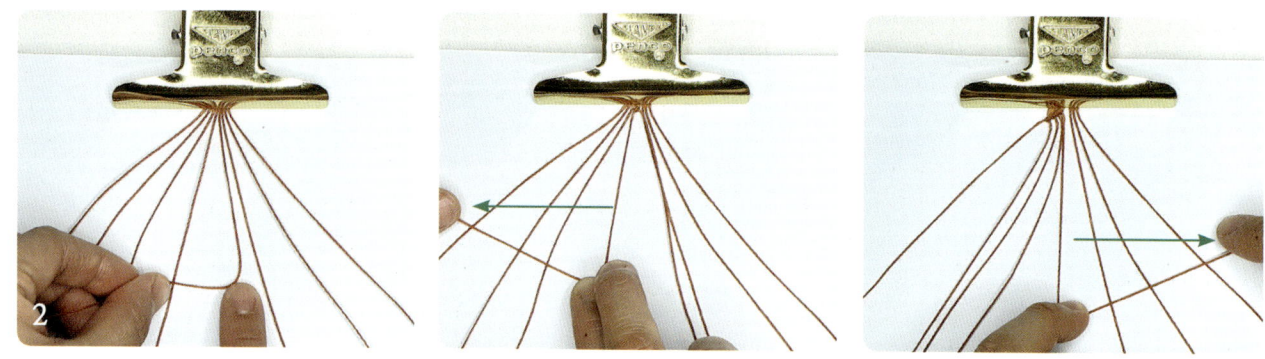

여덟 가닥의 실에서 가운데 두 가닥을 중심줄로 하여 엮는줄 세 가닥과 안쪽에서 바깥쪽으로 각각 엮어 'ㅅ'자로 매듭지어줍니다.

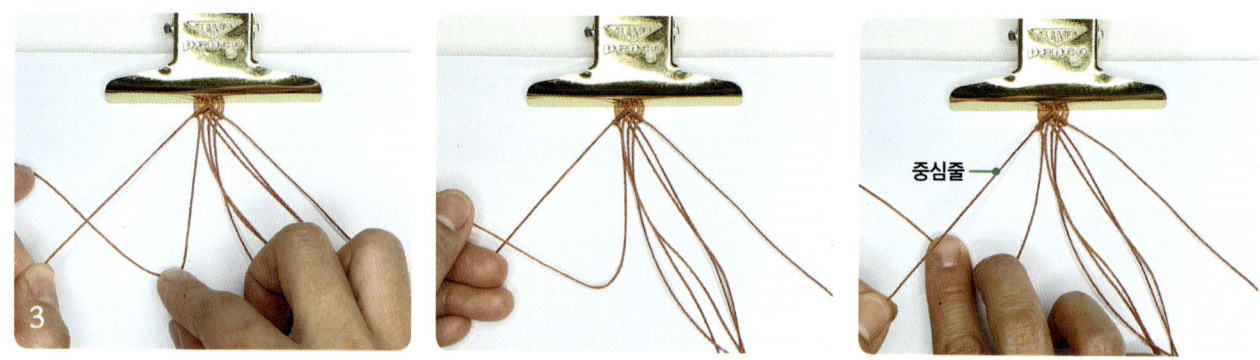

왼쪽 맨 끝의 두 줄을 종달새 머리 매듭으로 3회 매듭지어줍니다. 중심줄 아래에 엮는줄을 넣어 매듭짓는 방법으로 시작합니다. 그리고 마지막에 엮는줄이 바깥 방향을 향하도록 놓아줍니다.

🌀 종달새 머리 매듭은 126쪽을 참고하여 엮어주세요.

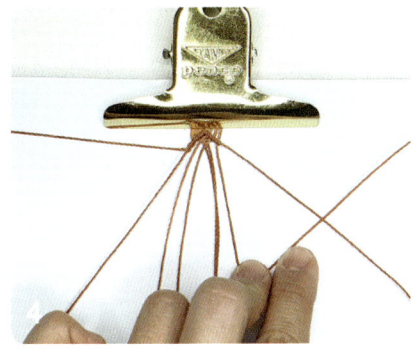
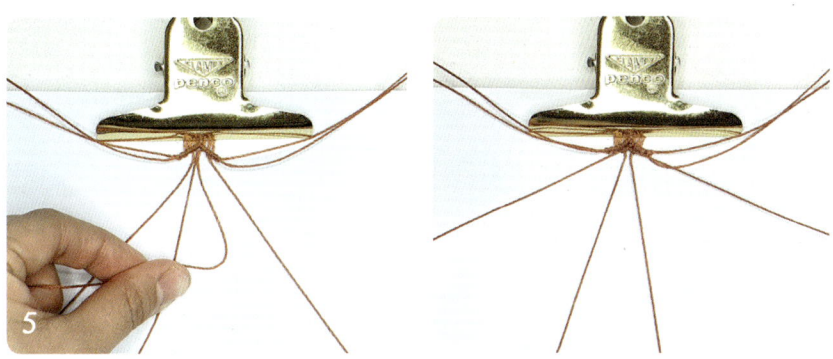

오른쪽 맨 끝의 두 줄도 종달새 머리 매듭으로 3회 매듭지어줍니다.

가운데 네 가닥으로 비즈가 들어간 8자매듭을 지어보겠습니다. 우선 가운데 두 가닥의 중심줄을 엮어준 뒤, 각각 바깥쪽의 엮는줄과도 엮어 'ㅅ'자로 매듭을 지어줍니다.

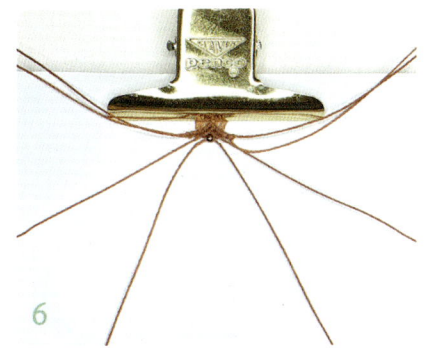
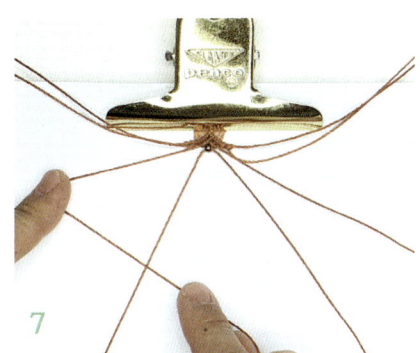

가운데의 엮는줄 두 가닥에 교차해서 비즈를 끼워줍니다.

가운데 네 가닥으로 브이자 매듭을 짓습니다.
❁ 브이자 매듭은 115쪽을 참고하여 엮어주세요.

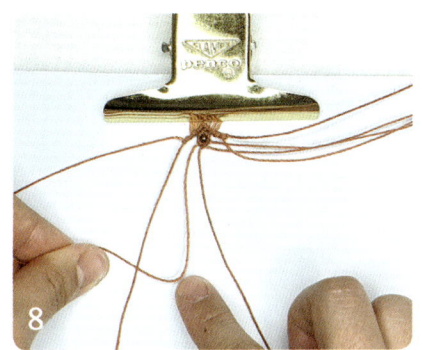
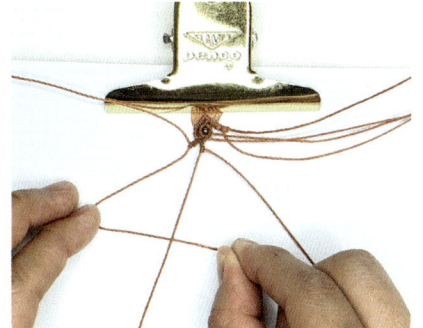

왼쪽 네 가닥으로 8자매듭을 짓습니다. 마지막 중심줄끼리 매듭지을 때 두 가닥 중 바깥쪽에 위치한 실을 중심줄로 해서 매듭을 지어줍니다.
❁ 8자매듭은 120쪽을 참고하여 엮어주세요.

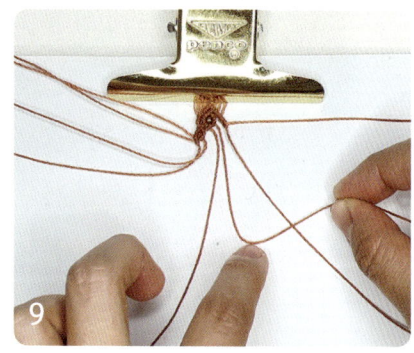
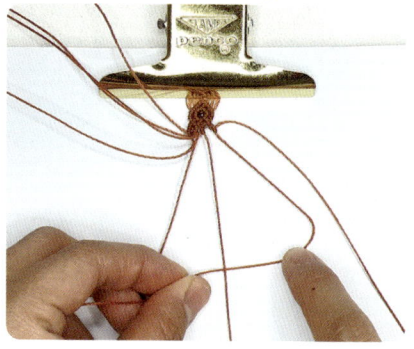

오른쪽 네 가닥으로도 8자매듭을 지어줍니다. 마찬가지로 마지막 중심줄끼리 매듭 지을 때 두 가닥 중 바깥쪽에 위치한 실을 중심줄로 해서 매듭을 지어줍니다.

왼쪽 가장 끝의 실을 중심줄로 해서 바로 오른쪽에 있는 한 가닥과 이어엮기매듭으로 엮어줍니다.

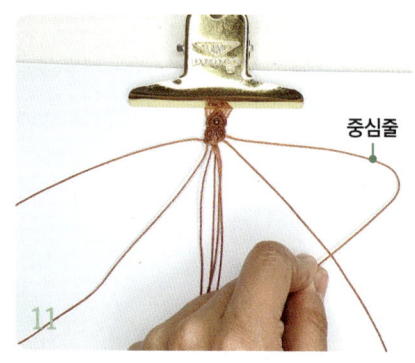
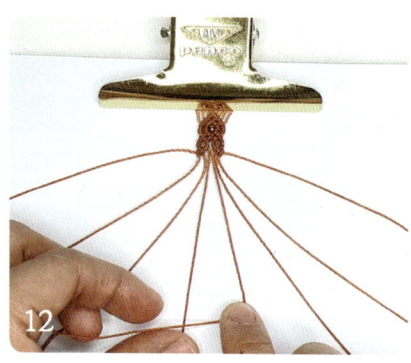

오른쪽 가장 끝의 실을 중심줄로 해서 바로 왼쪽에 있는 한 가닥과 이어엮기매듭으로 엮어줍니다.

2~11번 과정을 계속 반복하며 팔찌의 무늬 부분을 매듭지어줍니다.

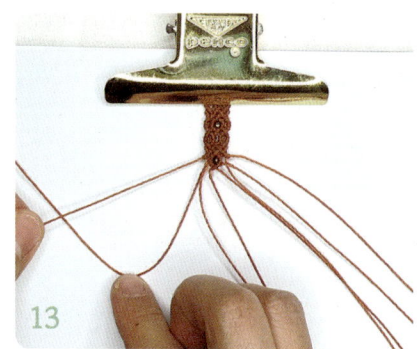
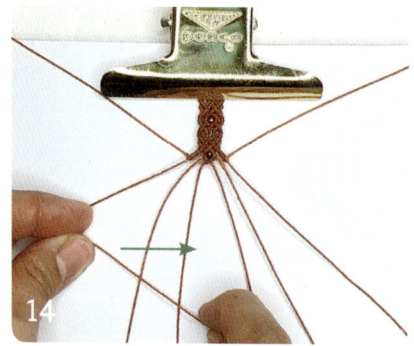
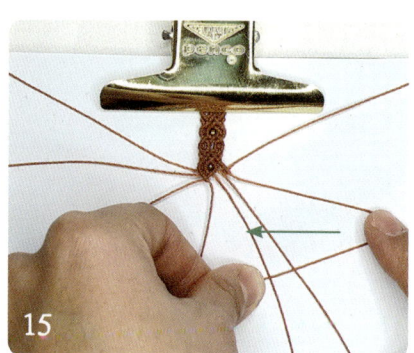

무늬 부분의 길이가 충분하다면 마무리 매듭을 지어보겠습니다. 우선 2~7번 과정까지 같은 방법으로 매듭지어줍니다.

양쪽 끝의 한 가닥씩을 제외하고 끝에서 두 번째 줄을 중심줄로 해서 바깥에서 안쪽 방향으로 엮는줄 두 가닥과 차례대로 엮어줍니다.

반대쪽도 14번 과정과 똑같이 매듭지어 줍니다.

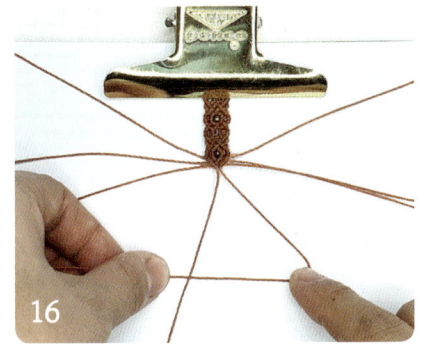
중심줄끼리 매듭지어줍니다.

양 끝 가운데 네 가닥을 제외한 나머지 실을 잘라 마감해 줍니다.

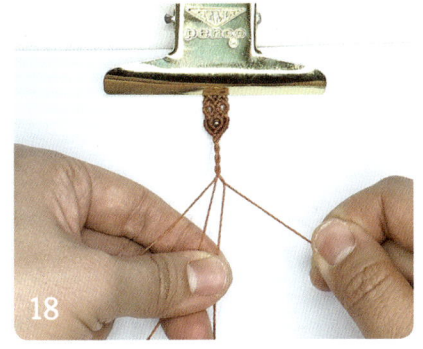
네 가닥의 실로 네 줄 꼬기 매듭을 지어 줍니다.

🌀 네 줄 꼬기 매듭은 42쪽을 참고하여 엮어주세요.

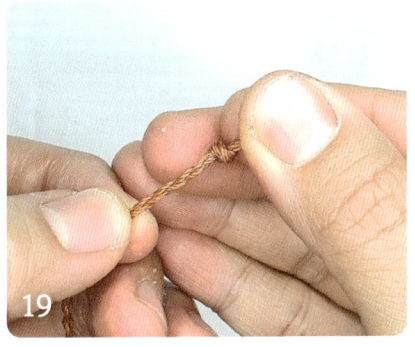
적당한 길이로 매듭지었으면 끝을 묶어 마무리합니다.

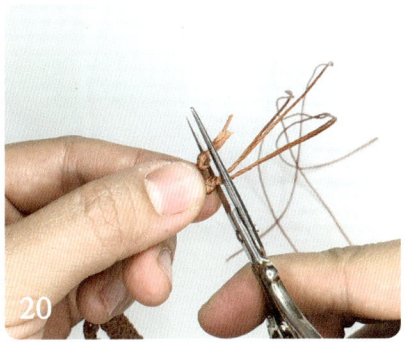
끝부분의 실을 자른 뒤 불로 녹여 마감 합니다.

팔찌의 네 줄 꼬기 부분을 같이 잡아준 뒤 자투리 실을 이용해 평매듭을 3회 이상 지어 길이 조절 매듭을 만들어줍니다.

🌀 평매듭은 58쪽을 참고하여 엮어주세요.

매듭을 다 지었으면 남은 실을 자르고 녹여 마감해 줍니다.

하트 팔찌 완성입니다.

캐보션 원석 펜던트

마크라메 액세서리의 꽃이라고 할 수 있는 원석을 매듭지어 감싸는 목걸이 펜던트입니다. 원석에 어울리는 색상의 실을 고르는 것은 또 다른 즐거움이 될 수 있습니다.

 재료

0.7mm 왁스실 40cm 두 가닥

+ 원석의 앞뒤 테두리를 감싸는 중심줄이에요. 이해를 돕기 위해 색상을 구분했어요.

0.7mm 왁스실 120cm 한 가닥

캐보션 원석 15×20mm

+ 감싸주려는 원석의 둘레와 폭에 따라서 필요한 실의 길이가 달라져요.

 도구

고정판
집게
가위
라이터

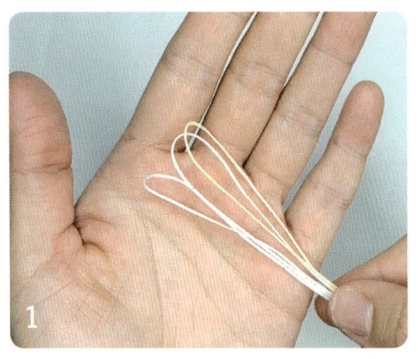 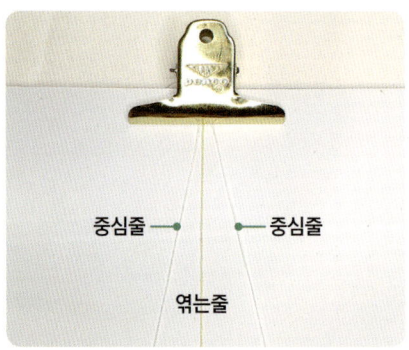

40cm 실 두 가닥과 120cm 실 한 가닥의 중앙 부분을 집게로 집어 고정판에 고정합니다. 이때 40cm 실 두 가닥 사이에 120cm의 실을 위치시킵니다.

❀ 40cm 실 두 가닥은 각각 원석의 앞과 뒷면을 감싸줄 중심줄이고, 120cm 실은 중심줄 두 가닥을 교차로 매듭지어줄 엮는줄이에요.

Q&A

Q. 끝부분부터 매듭짓지 않고 중앙 부분부터 매듭짓는 이유가 있나요?

A. 매번 다른 크기의 원석을 골라서 매듭지을 경우 필요한 실의 길이를 정확히 알 수 없어요. 한쪽 끝을 넉넉하게 잡고 시작했는데 끝부분에 실이 살짝 모자라는 경우가 있을 수도 있고요. 그런 상황을 방지하기 위해 최대한 양쪽에 비슷한 실 길이가 남도록 중앙부터 매듭지어 주는 편이에요. 반지도 같은 이유로 중앙 부분부터 만들기 시작해요.

 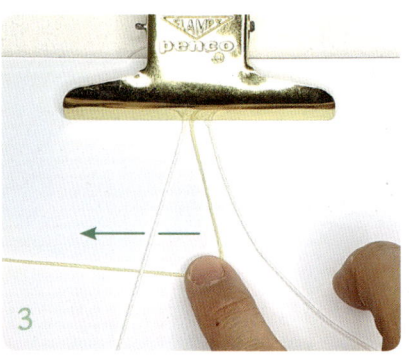

두 중심줄 사이의 간격을 감싸려는 원석의 폭에 맞춰 벌려서 집어줍니다.

왼쪽 중심줄 아래로 엮는줄을 넣습니다.

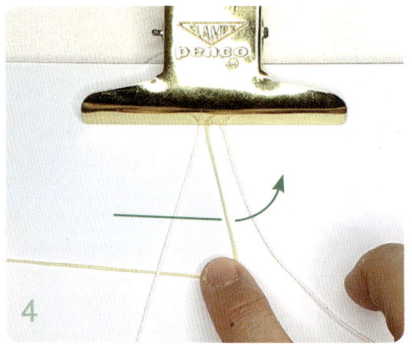 

자연스럽게 생기는 구멍으로 엮는줄의 끝을 빼줍니다. 엮는줄을 당기는 방향은 항상 중심줄 두 가닥 사이의 안쪽 방향입니다.

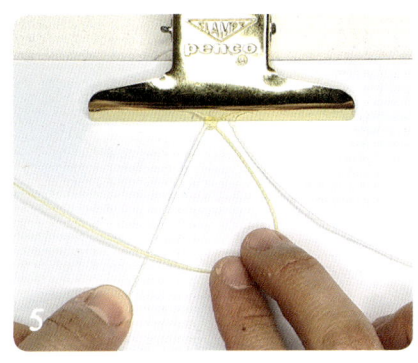
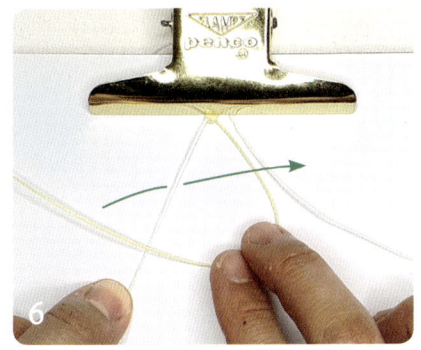

곧바로 엮는줄을 다시 왼쪽 중심줄 위에 올립니다.

자연스럽게 생기는 구멍으로 엮는줄의 끝을 빼줍니다.

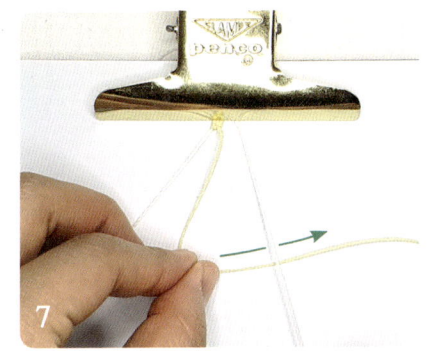

이번에는 엮는줄을 오른쪽 중심줄과 매듭짓겠습니다. 오른쪽 중심줄 아래로 엮는줄을 넣어줍니다.

자연스럽게 생기는 구멍으로 엮는줄의 끝을 빼줍니다. 이때 중심줄 두 가닥 사이의 안쪽 방향으로 엮는줄을 당겨줍니다.

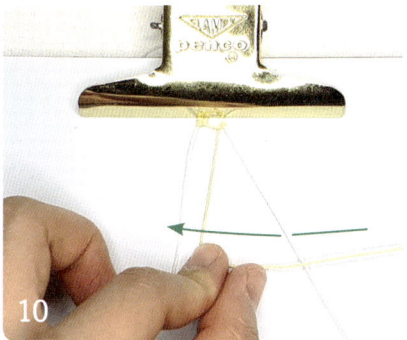

엮는줄을 오른쪽 중심줄 위에 올립니다.

자연스럽게 생긴 구멍으로 엮는줄의 끝을 빼줍니다.

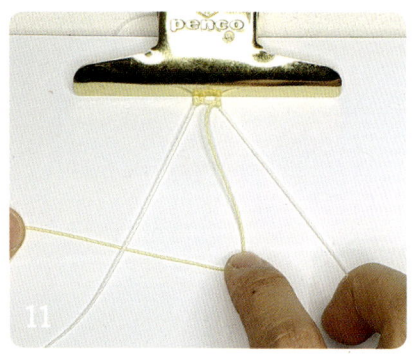
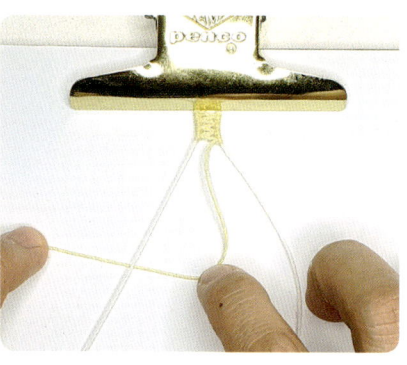
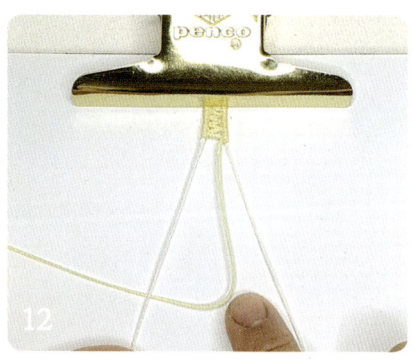

3~10번 과정을 반복하며 매듭을 이어나 갑니다.

✿ 매듭을 지어줄 때 중심줄 사이의 간격이 2번에서 처음 설정한 간격으로 유지될 수 있도록 유의하며 매듭지어주세요.

원석의 반을 감쌀만큼 매듭을 지었으면 방향을 반대로 돌려 매듭을 이어나갑니다.

✿ 매듭의 안쪽과 바깥쪽이 바뀌지 않도록 유의해 줍니다. 안쪽이 보이도록 잡게로 집어주시면 돼요.

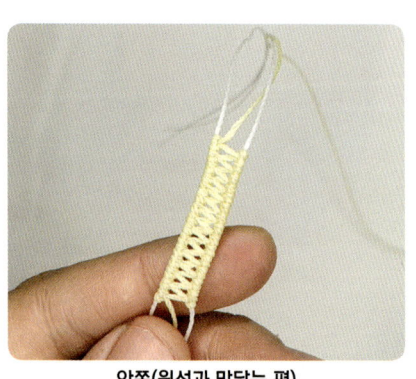

안쪽(원석과 맞닿는 편)

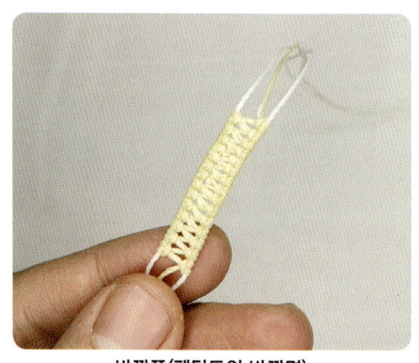

바깥쪽(펜던트의 바깥면)

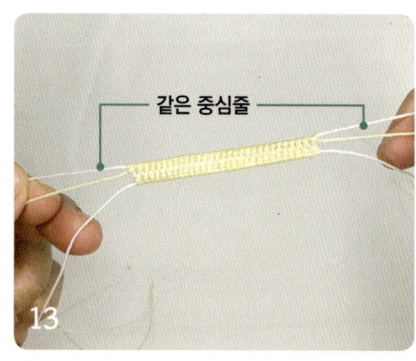

같은 중심줄

매듭이 원석의 둘레를 충분히 감쌀 때까지 매듭을 지어줍니다. 엮는줄이 매듭을 엮기 시작한 중심줄에서 매듭이 끝나도록 해줍니다.

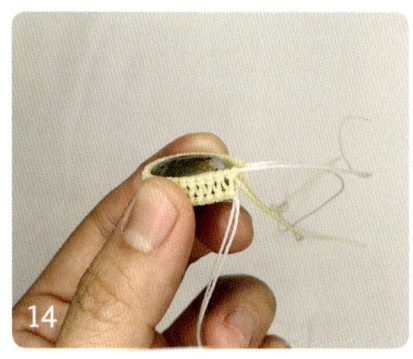
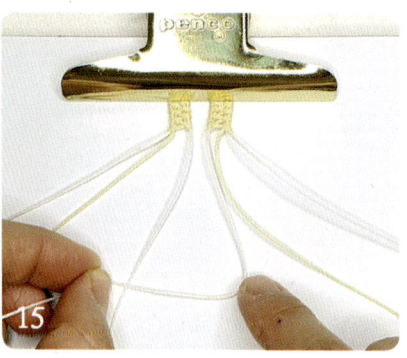
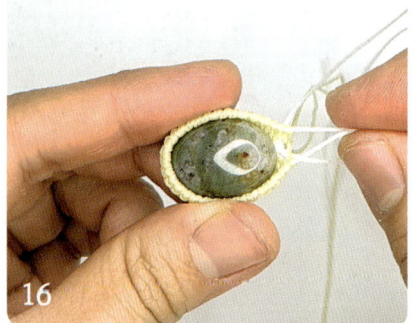

매듭이 원석을 잘 감쌀 수 있는 길이와 폭인지 다시 한번 확인합니다.

엮는줄이 엮기 시작하고 끝난 중심줄이 아닌 다른 쪽 중심줄부터 매듭을 지어줍니다.

매듭을 동그랗게 만든 뒤 중심줄 양 끝이 만날 수 있도록 해준 다음, 이어엮기 매듭을 이용해 원석의 뒷면을 감쌀 부분을 매듭지어줍니다.

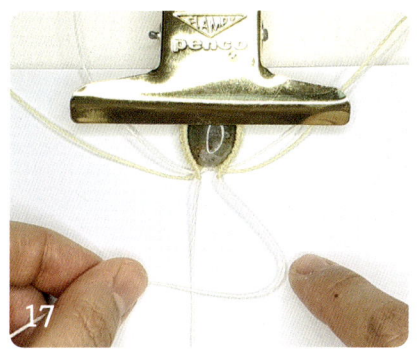
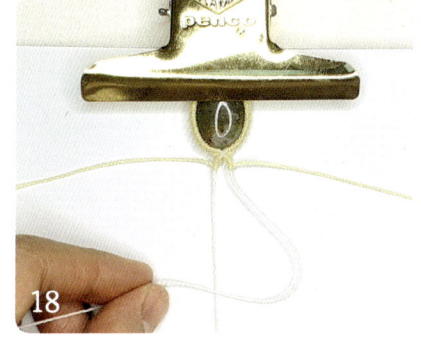

원석을 매듭으로 감싼 뒤 집게로 집어 앞부분의 중심줄끼리 매듭지을 수 있도록 고정해 줍니다. 그다음 앞쪽의 중심줄끼리도 뒷면과 마찬가지로 이어엮기매듭으로 엮어 원석을 완전히 감싸줍니다.

◎ 캐보션 원석은 동그랗게 입체적인 면이 앞면이에요.

먼저 원석 앞면의 중심줄 두 줄과 엮는 줄 두 줄, 총 네 줄로 8자매듭을 지어줍니다.

◎ 8자매듭은 120쪽을 참고하여 엮어주세요.

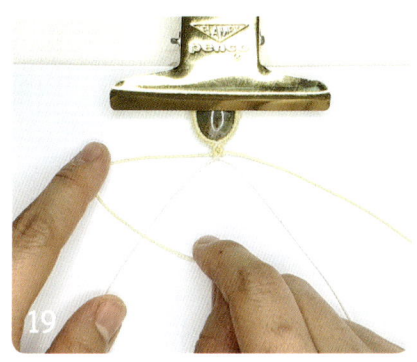

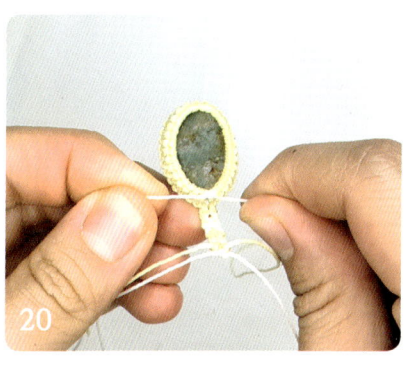

그다음 네 줄로 브이자 매듭을 계속 지어줍니다. 사진 속 작품은 약 4~5회 정도 지어줬지만 원하는 디자인에 따라 더 적거나 많게 매듭을 지어주시면 됩니다.

◎ 브이자 매듭은 115쪽을 참고하여 엮어주세요.

매듭을 짓는 동안 헐거워진 뒷면의 매듭을 한 번 더 조여줍니다.

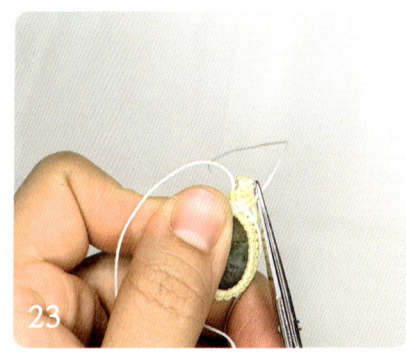

앞쪽에서 지은 매듭을 뒷면의 중심줄과 맞물리도록 한 뒤 사진과 같이 집게로 펜던트를 집어줍니다. 뒷면의 중심줄로 두 가닥의 실을 가까운 순서대로 엮어줍니다.

반대쪽도 21번 과정과 똑같이 매듭지어 줍니다.

매듭짓고 남은 실을 자르고 녹여 마감해 줍니다.

로프매듭

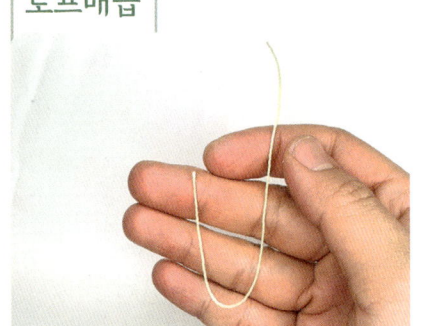

펜던트 완성입니다. 여기에서 그냥 마무리하셔도 되고 뒷부분의 로프매듭까지 해주셔도 됩니다.

10cm 이상의 자투리 실을 준비합니다. 자투리 실을 4~5cm 지점에서 한 번 접어 줍니다.

접힌 부분이 펜던트의 고리 부분에 향하도록 해서 펜던트 뒷면에서 펜던트와 함께 잡아줍니다.

실이 더 길게 남은 쪽으로 펜던트를 여러 번 돌돌 감아줍니다.

감아주던 실의 끝을 처음에 접어 만들었던 고리로 빼줍니다.

반대쪽 끝은 아래로 당겨줍니다.

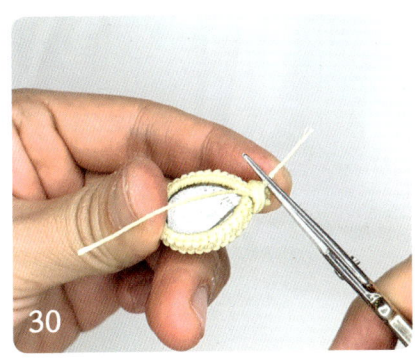

30

남은 실을 자르고 녹여 마감해 줍니다.

31

캐보션 원석 펜던트 완성입니다.

◎ 목걸이 줄 만들기는 네 줄 꼬기 매듭 42쪽을 참고하여 엮어주세요.

Q&A

Q. 똑같이 따라서 만들었는데 저는 원석이 고정되지 않고 자꾸만 빠져나가요. 왜 그러는 걸까요?

A. 원석이 완전히 감싸지지 않는 이유는 여러 가지가 있어요. 우선 매듭의 폭이 원석의 폭보다 좁거나 거의 같으면 잘 감싸지지 않을 수 있어요. 매듭을 폭까지 맞게 지었는데도 원석이 잘 감싸지지 않는다면 앞뒤의 마무리 매듭이 헐거워서 그럴 수 있어요. 저는 우선 앞뒤 마무리 매듭을 해주기 전에 매듭으로 원석을 감싼 후 매듭이 원석에 잘 감싸지도록 손으로 만져 모양을 잡아줘요. 그다음에 마무리 매듭을 앞뒤로 지어준 후 마지막에 매듭이 원석을 단단히 감싸도록 최대한 조여주는 편이랍니다. 매듭 자체는 어렵지 않지만 원석을 빠지지 않게 감싸기까지는 어느 정도의 숙련도가 필요합니다. 여러 번 연습하다 보면 점점 완성도가 높아질 거예요.

DIY · MACRAMÉ
부록

그림처럼 그리는 마크라메 액세서리

한라봉 팔찌

저는 마크라메로 작품을 만들어나가는 과정이 그림을 그리는 것과 비슷하다고 생각합니다. 매듭을 계속하다 보면 매듭에 대한 이해도가 점차 높아지고, 기본 매듭법을 이용해서 물고기, 나비, 네잎클로버 등 내가 원하는 모양들을 만들 수 있습니다. 이 책의 마지막 작품으로 제주도의 대표 과일, 한라봉을 매듭으로 그려낸 팔찌를 만들어 보겠습니다.

 재료 **도구**

갈색 1mm 왁스실 35cm 두 가닥
주황색 1mm 왁스실 20cm 두 가닥
주황색 1mm 왁스실 7cm 두 가닥
초록색 1mm 왁스실 7cm 네 가닥

고정판
집게
가위
라이터

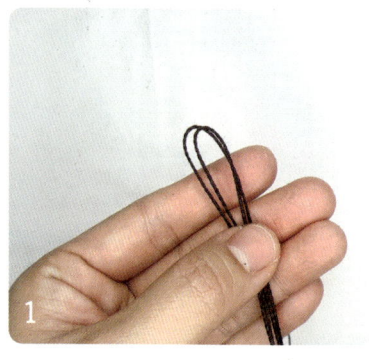 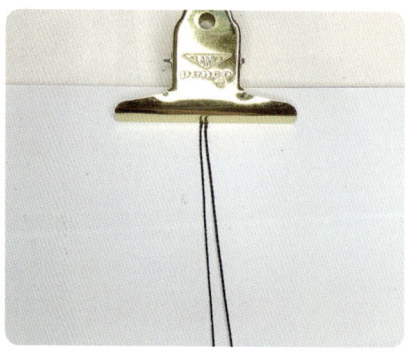 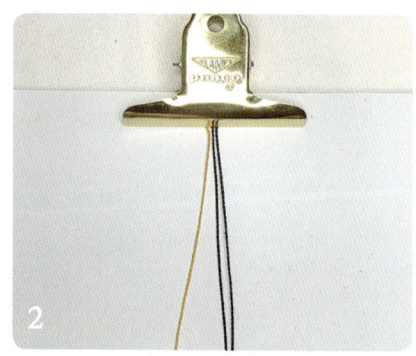

35cm 갈색실 두 가닥을 준비하여 중심보다 3cm 가량 윗부분을 집게로 집어 고정판에 고정합니다.

왼쪽에 20cm의 주황색실 중앙 부분을 집게로 집어 위치시켜 줍니다.

 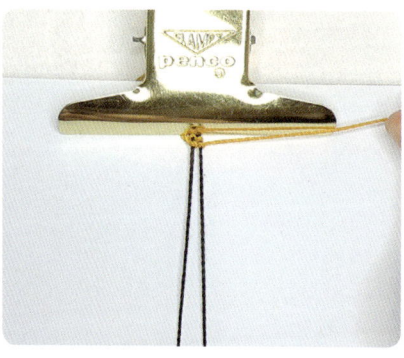

주황색실을 엮는줄, 갈색실 두 가닥을 중심줄로 해서 이어엮기매듭으로 엮어줍니다 (세로엮기).

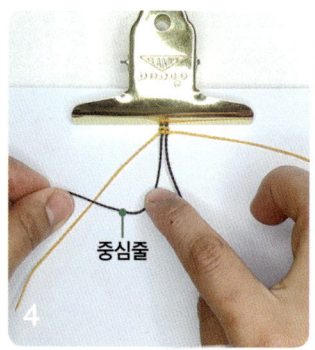 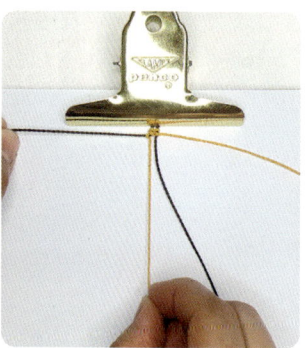 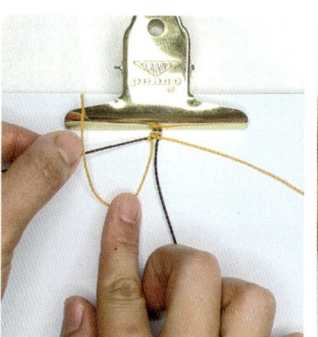 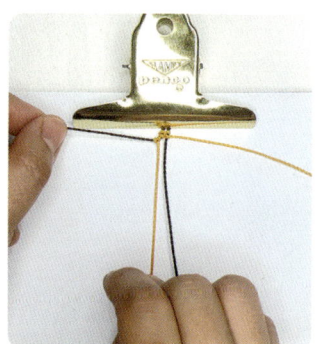

갈색실 두 줄 중 왼쪽 실을 중심줄로 해서 안에서 바깥 방향으로 맨 왼쪽의 주황색실과 이어엮기매듭으로 엮어줍니다.

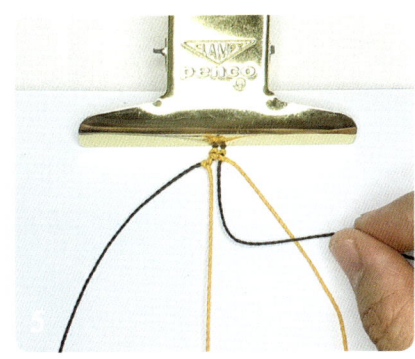 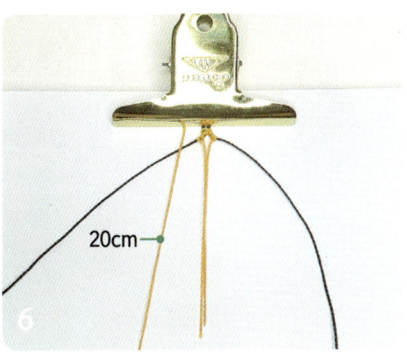 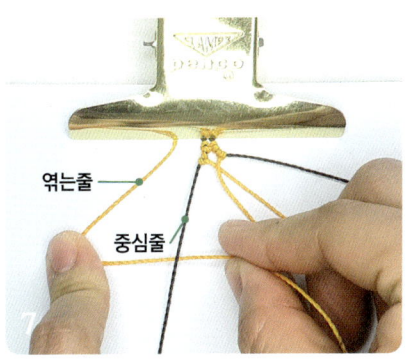

반대쪽인 오른쪽도 4번과 똑같이 매듭 지어줍니다.

20cm 주황색실 한 가닥을 왼쪽에 추가해서 집게로 고정시켜 줍니다.

새로 추가한 주황색실을 엮는줄, 왼쪽 갈색실을 중심줄로 해서 이어엮기로 엮어줍니다(세로엮기).

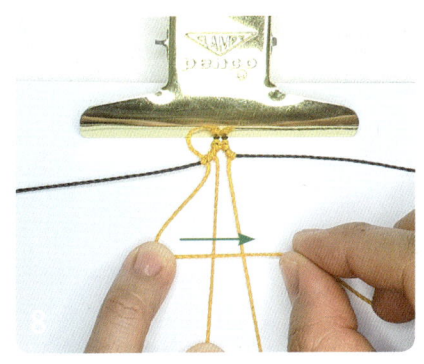  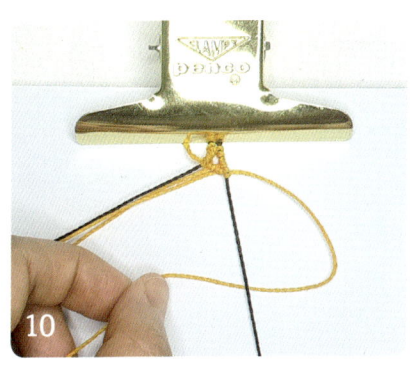

추가한 주황색실을 중심줄, 가운데 주황색실 두 가닥을 엮는줄로 해서 왼쪽에서 오른쪽 방향으로 이어엮기매듭으로 엮어줍니다.

추가한 주황색실을 엮는줄, 오른쪽 끝의 갈색실을 중심줄로 해서 이어엮기로 엮어줍니다(세로엮기).

이번에는 방향을 바꿔서 반대 방향으로 이어엮기를 해줍니다(세로엮기).

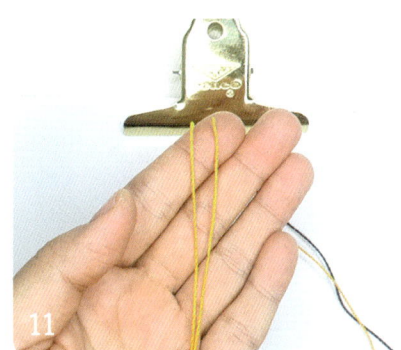 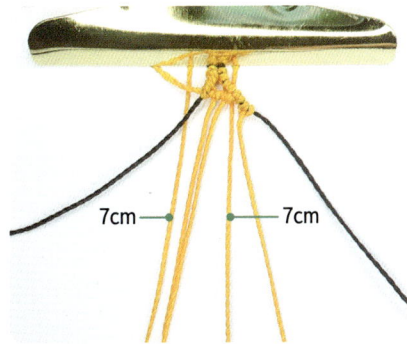

7cm의 짧은 실 두 가닥을 가운데 주황색실 두 가닥의 양쪽에 추가해 보겠습니다. 실을 추가하실 때에는 기존에 지은 매듭 뒤쪽에 추가할 실을 넣어 집게로 집어줍니다

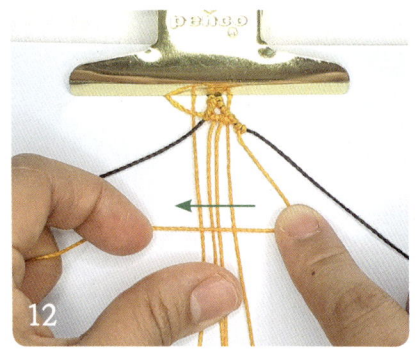 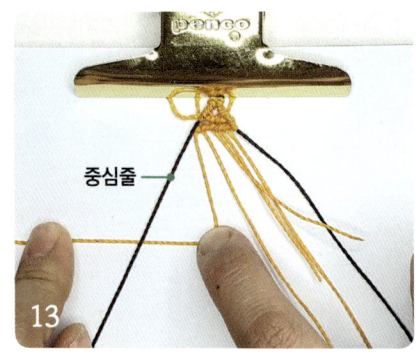 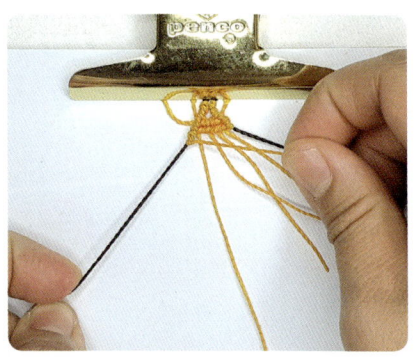

가장 오른쪽의 주황색실을 중심줄, 가운데 주황색실 네 가닥을 엮는줄로 해서 오른쪽에서 왼쪽 방향으로 이어엮기 해줍니다.

네 가닥을 다 엮어준 뒤 가장 왼쪽의 갈색실 한 가닥을 중심줄로 해서 이어엮기 해줍니다. 이때 안에서 바깥 방향으로 한 번, 방향을 바꿔 바깥에서 안쪽 방향으로 한 번 총 두개의 매듭을 지어줍니다(세로엮기).

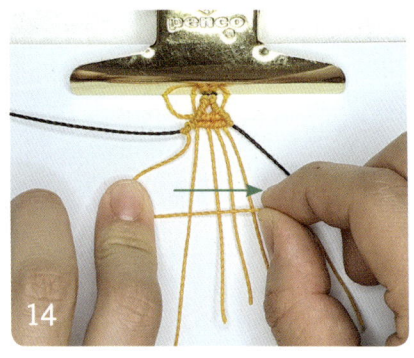 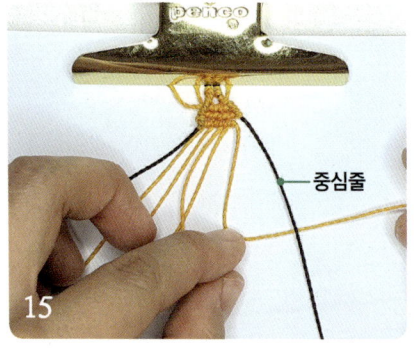

가장 왼쪽의 주황색실을 중심줄, 가운데 주황색실 네 가닥을 엮는줄로 해서 왼쪽에서 오른쪽 방향으로 이어엮기 해줍니다.

가장 오른쪽의 갈색실 한 가닥을 중심줄로 해서 이어엮기 해줍니다. 이때 안에서 바깥 방향으로 한 번, 방향을 바꿔 바깥에서 안쪽 방향으로 한 번 총 두 개의 매듭을 지어줍니다(세로엮기).

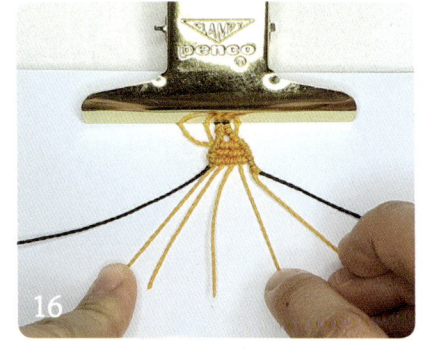 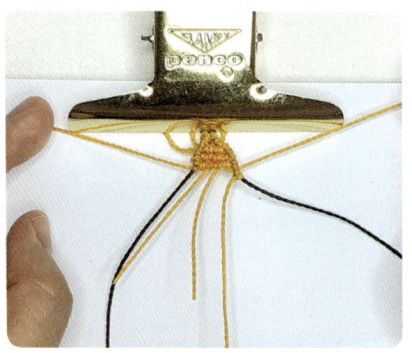 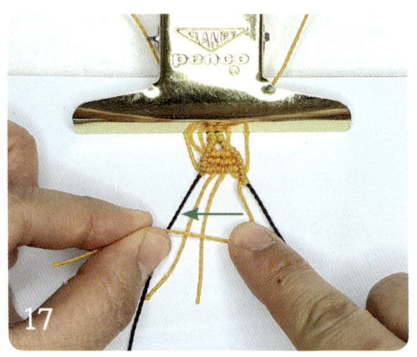

중앙의 주황색실 다섯 가닥 중 바깥쪽 한 가닥씩을 빼고 매듭을 이어 나가겠습니다. 헷갈리지 않게 집게로 집거나 위쪽으로 실을 빼줍니다. 이때 실 끝을 매듭의 뒤쪽으로 빼주세요.

가장 오른쪽의 주황색실을 중심줄로 해서 남은 주황색실 두 가닥과 오른쪽에서 왼쪽 방향으로 엮어줍니다.

 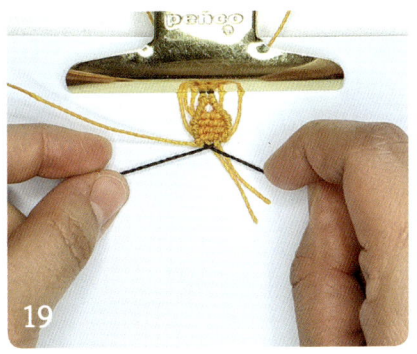

왼쪽의 갈색실 한 가닥을 중심줄로 해서 이어엮기 해줍니다(세로엮기).

마지막으로 갈색실 두 줄끼리 이어엮기 해줍니다. 이때 남은 주황색실 끝을 매듭의 뒤쪽으로 빼줍니다.

잎사귀 만들기

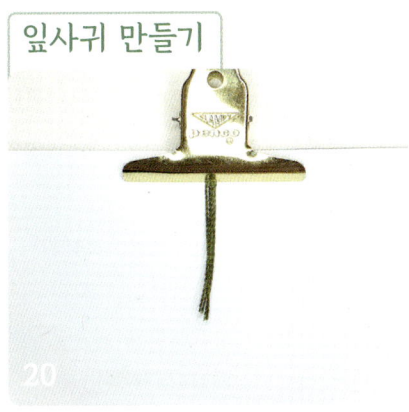 

네 가닥의 초록색실로 8자매듭을 지어줍니다.
⊙ 8자매듭은 120쪽을 참고하여 엮어주세요.

8자매듭을 지을 때 사용했던 중심줄 한 가닥의 끝만 남기고 나머지 실을 마무리해 줍니다.

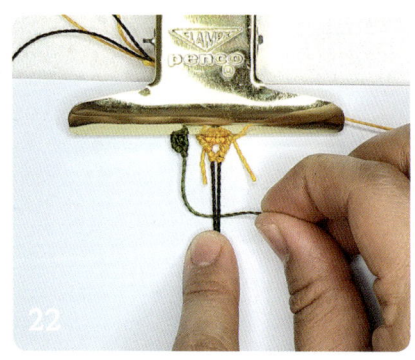 

잎사귀에 이어진 초록색실을 엮는줄, 갈색실 두 가닥을 중심줄로 해서 이어엮기를 한 번 해줍니다. 갈색실 두 줄을 초록색실이 한번에 감싸며 매듭이 지어집니다(세로 엮기).

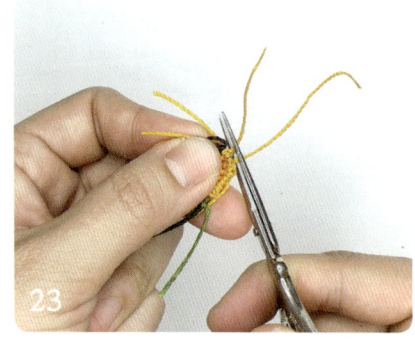 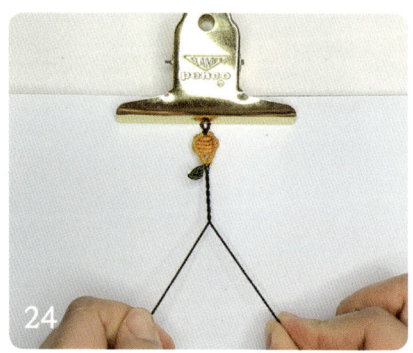

주황색실과 초록색실을 모두 자르고 녹여 정리해 줍니다.

갈색실 두 가닥으로 두 줄 꼬기 매듭을 지어줍니다.
🌀 두 줄 꼬기 매듭은 32쪽을 참고하여 엮어주세요.

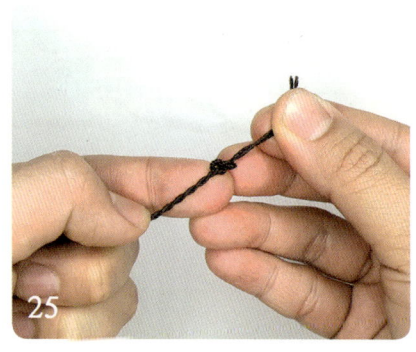 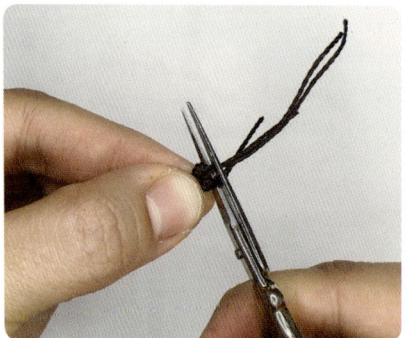

적당한 길이가 되었을 때 끝을 묶고 마무리해줍니다.

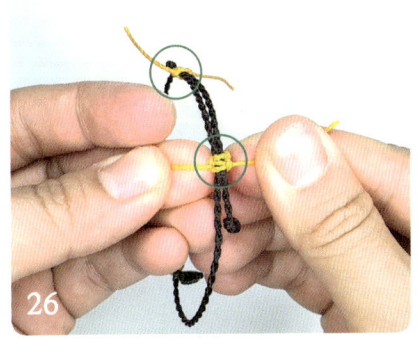 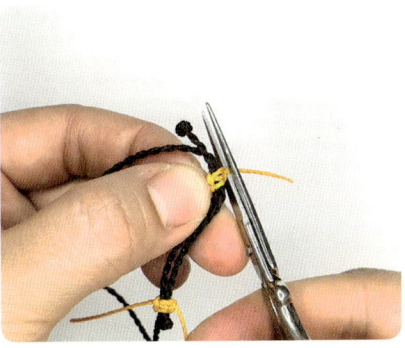

주황색 자투리 실로 평매듭을 지어 길이 조절 매듭을 두 개 지어줍니다.

🌸 평매듭은 58쪽을 참고하여 엮어주세요.

한라봉 팔찌 완성입니다.

나만의 작은 공방에서 만드는 21가지 감성 액세서리
아름다움을 엮다, 마크라메

초 판 발 행 일	2022년 09월 13일
발 행 인	박영일
책 임 편 집	이해욱
저 자	김고은
편 집 진 행	이소영
표 지 디 자 인	김도연
편 집 디 자 인	신해니
발 행 처	시대인
공 급 처	(주)시대고시기획
출 판 등 록	제 10-1521호
주 소	서울시 마포구 큰우물로 75 [도화동 538 성지 B/D] 6F
전 화	1600-3600
팩 스	02-701-8823
홈 페 이 지	www.sdedu.co.kr
I S B N	979-11-383-2853-1[13630]
정 가	15,000원

※이 책은 저작권법에 의해 보호를 받는 저작물이므로, 동영상 제작 및 무단전재와 복제, 상업적 이용을 금합니다.
※이 책의 전부 또는 일부 내용을 이용하려면 반드시 저작권자와 (주)시대고시기획·시대인의 동의를 받아야 합니다.
※잘못된 책은 구입하신 서점에서 바꾸어 드립니다.

시대인은 종합교육그룹 (주)시대고시기획·시대교육의 단행본 브랜드입니다.